ÁRABE
VOCABULÁRIO

PALAVRAS MAIS ÚTEIS

PORTUGUÊS ÁRABE EGÍPCIO

Para alargar o seu léxico e apurar as suas competências linguísticas

7000 palavras

Vocabulário Português-Árabe Egípcio - 7000 palavras

Por Andrey Taranov

Os vocabulários da T&P Books destinam-se a ajudar a aprender, a memorizar, e a rever palavras estrangeiras. O dicionário é dividido em temas, cobrindo todas as principais esferas de atividades quotidianas, negócios, ciência, cultura, etc.

O processo de aprendizagem, utilizando os dicionários baseados em temáticas da T&P Books dá-lhe as seguintes vantagens:

- Informação de origem corretamente agrupada predetermina o sucesso em fases subsequentes da memorização de palavras
- Disponibilização de palavras derivadas da mesma raiz, o que permite a memorização de unidades de texto (em vez de palavras separadas)
- Pequenas unidades de palavras facilitam o processo de estabelecimento de vínculos associativos necessários para a consolidação do vocabulário
- O nível de conhecimento da língua pode ser estimado pelo número de palavras aprendidas

T&P Books Publishing
www.tpbooks.com

ISBN: 978-1-78716-771-1

Este livro também está disponível em formato E-book.
Por favor visite www.tpbooks.com ou as principais livrarias on-line.

VOCABULÁRIO ÁRABE EGÍPCIO
palavras mais úteis

Os vocabulários da T&P Books destinam-se a ajudar a aprender, a memorizar, e a rever palavras estrangeiras. O vocabulário contém mais de 7000 palavras de uso comum organizadas tematicamente.

O vocabulário contém as palavras mais comummente usadas
Recomendado como adicional para qualquer curso de línguas
Satisfaz as necessidades dos iniciados e dos alunos avançados de línguas estrangeiras
Conveniente para o uso diário, sessões de revisão e atividades de auto-teste
Permite avaliar o seu vocabulário

Características especias do vocabulário

- As palavras estão organizadas de acordo com o seu significado, e não por ordem alfabética
- As palavras são apresentadas em três colunas para facilitar os processos de revisão e auto-teste
- As palavras compostas são divididas em pequenos blocos para facilitar o processo de aprendizagem
- O vocabulário oferece uma transcrição simples e adequada de cada palavra estrangeira

O vocabulário contém 198 tópicos incluindo:

Conceitos básicos, Números, Cores, Meses, Estações do ano, Unidades de medida, Roupas & Acessórios, Alimentos & Nutrição, Restaurante, Membros da Família, Parentes, Caráter, Sentimentos, Emoções, Doenças, Cidade, Passeios, Compras, Dinheiro, Casa, Lar, Escritório, Trabalho no Escritório, Importação & Exportação, Marketing, Pesquisa de Emprego, Desportos, Educação, Computador, Internet, Ferramentas, Natureza, Países, Nacionalidades e muito mais ...

TABELA DE CONTEÚDOS

GUIA DE PRONUNCIAÇÃO

Alfabeto fonético T&P	Exemplo Árabe Egípcio	Exemplo Português
[a]	[ṭaffa] طفّى	chamar
[ā]	[eχtār] إختار	rapaz
[e]	[setta] ستّة	metal
[i]	[minā'] ميناء	sinónimo
[ī]	[ebrīl] إبريل	cair
[o]	[oɣosṭos] أغسطس	lobo
[ō]	[ḥalazōn] حلزون	albatroz
[u]	[kalkutta] كلكتا	bonita
[ū]	[gamūs] جاموس	trabalho
[b]	[bedāya] بداية	barril
[d]	[sa'āda] سعادة	dentista
[ḍ]	[waḍ'] وضع	[d] faringealizaçãda
[ʒ]	[arʒantīn] الأرجنتين	talvez
[ẓ]	[ẓahar] ظهر	[z] faringealizaçãda
[f]	[χafīf] خفيف	safári
[g]	[bahga] بهجة	gosto
[h]	[ettegāh] إتّجاه	[h] aspirada
[ḥ]	[ḥabb] حبّ	[h] faringealizaçãda
[y]	[dahaby] ذهبي	géiser
[k]	[korsy] كرسي	kiwi
[l]	[lammaḥ] لمّح	libra
[m]	[marṣad] مرصد	magnólia
[n]	[ganūb] جنوب	natureza
[p]	[kaputʃino] كابتشينو	presente
[q]	[wasaq] وثق	teckel
[r]	[roḥe] روح	riscar
[s]	[soχreya] سخرية	sanita
[ṣ]	[me'ṣam] معصم	[s] faringealizaçãda
[ʃ]	['aʃā'] عشاء	mês
[t]	[tanūb] تنوب	tulipa
[ṭ]	[χarīṭa] خريطة	[t] faringealizaçãda
[θ]	[mamūθ] ماموث	[s] - fricativa dental surda não-sibilante
[v]	[vietnām] فيتنام	fava
[w]	[wadda'] ودّع	página web
[χ]	[baχīl] بخيل	fricativa uvular surda
[ɣ]	[etɣadda] إتغدّى	agora

Alfabeto fonético T&P	Exemplo Árabe Egípcio	Exemplo Português
[z]	[meʿza] معزة	sésamo
[ʿ] (ayn)	[sabʿa] سبعة	fricativa faríngea sonora
[ʾ] (hamza)	[saʾal] سأل	oclusiva glotal

ABREVIATURAS usadas no vocabulário

Abreviaturas do Árabe Egípcio

du	-	substantivo plural (duplo)
f	-	nome feminino
m	-	nome masculino
pl	-	plural

Abreviaturas do Português

adj	-	adjetivo
adv	-	advérbio
anim.	-	animado
conj.	-	conjunção
desp.	-	desporto
etc.	-	etecetra
ex.	-	por exemplo
f	-	nome feminino
f pl	-	feminino plural
fem.	-	feminino
inanim.	-	inanimado
m	-	nome masculino
m pl	-	masculino plural
m, f	-	masculino, feminino
masc.	-	masculino
mat.	-	matemática
mil.	-	militar
pl	-	plural
prep.	-	preposição
pron.	-	pronome
sb.	-	sobre
sing.	-	singular
v aux	-	verbo auxiliar
vi	-	verbo intransitivo
vi, vt	-	verbo intransitivo, transitivo
vr	-	verbo reflexivo
vt	-	verbo transitivo

CONCEITOS BÁSICOS

Conceitos básicos. Parte 1

1. Pronomes

eu	ana	أنا
tu (masc.)	enta	أنت
tu (fem.)	enty	أنت
ele	howwa	هوّ
ela	hiya	هيّ
nós	eḥna	إحنا
vocês	antom	أنتمّ
eles, elas	hamm	همّ

2. Cumprimentos. Saudações. Despedidas

Bom dia! (formal)	assalamu ʻalaykum!	السلام عليكم!
Bom dia! (de manhã)	ṣabāḥ el χeyr!	صباح الخير!
Boa tarde!	neharak saʻīd!	نهارك سعيد!
Boa noite!	masā' el χeyr!	مساء الخير!
cumprimentar (vt)	sallem	سلّم
Olá!	ahlan!	أهلاً!
saudação (f)	salām (m)	سلام
saudar (vt)	sallem ʻala	سلّم على
Como vai?	ezzayek?	ازّيّك؟
O que há de novo?	aχbārak eyh?	أخبارك ايه؟
Até à vista!	maʻ el salāma!	مع السلامة!
Até breve!	aʃūfak orayeb!	أشوفك قريب!
Adeus!	maʻ el salāma!	مع السلامة!
despedir-se (vr)	waddaʻ	ودّع
Até logo!	bay bay!	باي باي!
Obrigado! -a!	ʃokran!	شكراً!
Muito obrigado! -a!	ʃokran geddan!	شكراً جداً!
De nada	el ʻafw	العفو
Não tem de quê	la ʃokr ʻala wāgeb	لا شكر على واجب
De nada	el ʻafw	العفو
Desculpa!	ʻan eznak!	عن إذنك!
Desculpe!	baʻd ezn ḥadretak!	بعد إذن حضرتك!
desculpar (vt)	ʻazar	عذر
desculpar-se (vr)	eʻtazar	أعتذر

As minhas desculpas	ana 'āsef	أنا آسف
Desculpe!	ana 'āsef!	أنا آسف!
perdoar (vt)	ʿafa	عفا
por favor	men faḍlak	من فضلك
Não se esqueça!	ma tensāʃ!	ما تنساش!
Certamente! Claro!	ṭabʿan!	طبعاً!
Claro que não!	la' ṭabʿan!	لأ طبعاً!
Está bem! De acordo!	ettafa'na!	إتّفقنا!
Basta!	kefāya!	كفاية!

3. Números cardinais. Parte 1

zero	ṣefr	صفر
um	wāḥed	واحد
uma	waḥda	واحدة
dois	etneyn	إتنين
três	talāta	ثلاثة
quatro	arbaʿa	أربعة
cinco	χamsa	خمسة
seis	setta	ستّة
sete	sabʿa	سبعة
oito	tamanya	ثمانية
nove	tesʿa	تسعة
dez	ʿaʃara	عشرة
onze	ḥedāʃar	حداشر
doze	etnāʃar	إتناشر
treze	talattāʃar	تلاتّاشر
catorze	arbaʿtāʃer	أربعتاشر
quinze	χamastāʃer	خمستاشر
dezasseis	settāʃar	ستّاشر
dezassete	sabaʿtāʃar	سبعتاشر
dezoito	tamantāʃar	تمنتاشر
dezanove	tesʿatāʃar	تسعتاشر
vinte	ʿeʃrīn	عشرين
vinte e um	wāḥed we ʿeʃrīn	واحد وعشرين
vinte e dois	etneyn we ʿeʃrīn	إتنين وعشرين
vinte e três	talāta we ʿeʃrīn	ثلاثة وعشرين
trinta	talatīn	ثلاثين
trinta e um	wāḥed we talatīn	واحد وتلاتين
trinta e dois	etneyn we talatīn	إتنين وتلاتين
trinta e três	talāta we talatīn	ثلاثة وثلاثين
quarenta	arbeʿīn	أربعين
quarenta e um	wāḥed we arbeʿīn	واحد وأربعين
quarenta e dois	etneyn we arbeʿīn	إتنين وأربعين
quarenta e três	talāta we arbeʿīn	ثلاثة وأربعين
cinquenta	χamsīn	خمسين
cinquenta e um	wāḥed we χamsīn	واحد وخمسين

cinquenta e dois	etneyn we χamsīn	إتنين وخمسين
cinquenta e três	talāta we χamsīn	ثلاثة وخمسين
sessenta	settīn	ستّين
sessenta e um	wāḥed we settīn	واحد وستّين
sessenta e dois	etneyn we settīn	إتنين وستّين
sessenta e três	talāta we settīn	ثلاثة وستّين
setenta	sabʿīn	سبعين
setenta e um	wāḥed we sabʿīn	واحد وسبعين
setenta e dois	etneyn we sabʿīn	إتنين وسبعين
setenta e três	talāta we sabʿīn	ثلاثة وسبعين
oitenta	tamanīn	ثمانين
oitenta e um	wāḥed we tamanīn	واحد وتمانين
oitenta e dois	etneyn we tamanīn	إتنين وتمانين
oitenta e três	talāta we tamanīn	ثلاثة وثمانين
noventa	tesʿīn	تسعين
noventa e um	wāḥed we tesʿīn	واحد وتسعين
noventa e dois	etneyn we tesʿīn	إتنين وتسعين
noventa e três	talāta we tesʿīn	ثلاثة وتسعين

4. Números cardinais. Parte 2

cem	miya	ميّة
duzentos	meteyn	ميتين
trezentos	toltomiya	تلتميّة
quatrocentos	robʿomiya	ربعميّة
quinhentos	χomsomiya	خمسميّة
seiscentos	sotomiya	ستميّة
setecentos	sobʿomiya	سبعميّة
oitocentos	tomnomeʾa	ثمنمئة
novecentos	tosʿomiya	تسعميّة
mil	alf	ألف
dois mil	alfeyn	ألفين
De quem são ...?	talat ʾālāf	ثلاث آلاف
dez mil	ʿaʃaret ʾālāf	عشرة آلاف
cem mil	mīt alf	ميت ألف
um milhão	millyon (m)	مليون
mil milhões	millyār (m)	مليار

5. Números. Frações

fração (f)	kasr (m)	كسر
um meio	noṣṣ	نصّ
um terço	telt	ثلث
um quarto	robʿ	ربع
um oitavo	tomn	تمن
um décimo	ʿoʃr	عشر

dois terços	teleyn	تلتين
três quartos	talātet arbā'	ثلاثة أرباع

6. Números. Operações básicas

subtração (f)	ṭarḥ (m)	طرح
subtrair (vi, vt)	ṭaraḥ	طرح
divisão (f)	'esma (f)	قسمة
dividir (vt)	'asam	قسم
adição (f)	gam' (m)	جمع
somar (vt)	gama'	جمع
adicionar (vt)	gama'	جمع
multiplicação (f)	ḍarb (m)	ضرب
multiplicar (vt)	ḍarab	ضرب

7. Números. Diversos

algarismo, dígito (m)	raqam (m)	رقم
número (m)	'adad (m)	عدد
numeral (m)	'adady (m)	عددي
menos (m)	nā'eṣ (m)	ناقص
mais (m)	zā'ed (m)	زائد
fórmula (f)	mo'adla (f)	معادلة
cálculo (m)	ḥesāb (m)	حساب
contar (vt)	'add	عدّ
calcular (vt)	ḥasab	حسب
comparar (vt)	qāran	قارن
Quanto, -os, -as?	kām?	كام؟
soma (f)	magmū' (m)	مجموع
resultado (m)	natīga (f)	نتيجة
resto (m)	bā'y (m)	باقي
alguns, algumas ...	kām	كام
um pouco de ...	ʃewaya	شوية
resto (m)	el bā'y (m)	الباقي
um e meio	wāḥed w noṣṣ (m)	واحد ونصّ
dúzia (f)	desta (f)	دستة
ao meio	le noṣṣeyn	لنصّين
em partes iguais	bel tasāwy	بالتساوى
metade (f)	noṣṣ (m)	نصّ
vez (f)	marra (f)	مرّة

8. Os verbos mais importantes. Parte 1

abrir (vt)	fataḥ	فتح
acabar, terminar (vt)	χallaṣ	خلّص

aconselhar (vt)	naṣaḥ	نصح
adivinhar (vt)	χammen	خمّن
advertir (vt)	ḥazzar	حذّر
ajudar (vt)	sāʿed	ساعد
almoçar (vi)	etɣadda	إتغدّى
alugar (~ um apartamento)	estʾgar	إستأجر
amar (vt)	ḥabb	حبّ
ameaçar (vt)	hadded	هدّد
anotar (escrever)	katab	كتب
apanhar (vt)	mesek	مسك
apressar-se (vr)	estaʿgel	إستعجل
arrepender-se (vr)	nedem	ندم
assinar (vt)	waqqaʿ	وقّع
atirar, disparar (vi)	ḍarab bel nār	ضرب بالنار
brincar (vi)	hazzar	هزّر
brincar, jogar (crianças)	leʿeb	لعب
buscar (vt)	dawwar ʿala	دوّر على
caçar (vi)	eṣṭād	اصطاد
cair (vi)	weʾeʿ	وقع
cavar (vt)	ḥafar	حفر
cessar (vt)	baṭṭal	بطّل
chamar (~ por socorro)	estaɣās	إستغاث
chegar (vi)	weṣel	وصل
chorar (vi)	baka	بكى
começar (vt)	badaʾ	بدأ
comparar (vt)	qāran	قارن
compreender (vt)	fehem	فهم
concordar (vi)	ettafaʾ	إتّفق
confiar (vt)	wasaq	وثق
confundir (equivocar-se)	etlaχbaṭ	إتلخبط
conhecer (vt)	ʿeref	عرف
contar (fazer contas)	ʿadd	عدّ
contar com (esperar)	eʿtamad ʿala ...	إعتمد على...
continuar (vt)	wāṣel	واصل
controlar (vt)	et-ḥakkem	إتحكّم
convidar (vt)	ʿazam	عزم
correr (vi)	gery	جري
criar (vt)	ʿamal	عمل
custar (vt)	kallef	كلّف

9. Os verbos mais importantes. Parte 2

dar (vt)	edda	إدّى
dar uma dica	edda lamḥa	إدّى لمحة
decorar (enfeitar)	zayen	زيّن
defender (vt)	dāfaʿ	دافع
deixar cair (vt)	waʾʾaʿ	وقّع

descer (para baixo)	nezel	نزل
desculpar-se (vr)	eʿtazar	إعتذر
dirigir (~ uma empresa)	adār	أدار
discutir (notícias, etc.)	nāʾeʃ	ناقش
dizer (vt)	ʾāl	قال
duvidar (vt)	ʃakk fe	شكّ في
encontrar (achar)	laʾa	لقى
enganar (vt)	χadaʿ	خدع
entrar (na sala, etc.)	daχal	دخل
enviar (uma carta)	arsal	أرسل
errar (equivocar-se)	ɣeleṭ	غلط
escolher (vt)	eχtār	إختار
esconder (vt)	χabba	خبّأ
escrever (vt)	katab	كتب
esperar (o autocarro, etc.)	estanna	إستنّى
esperar (ter esperança)	tamanna	تمنّى
esquecer (vt)	nesy	نسي
estudar (vt)	daras	درس
exigir (vt)	ṭāleb	طالب
existir (vi)	kān mawgūd	كان موجود
explicar (vt)	ʃaraḥ	شرح
falar (vi)	kallem	كلّم
faltar (clases, etc.)	ɣāb	غاب
fazer (vt)	ʿamal	عمل
ficar em silêncio	seket	سكت
gabar-se, jactar-se (vr)	tabāha	تباهى
gostar (apreciar)	ʿagab	عجب
gritar (vi)	ṣarraχ	صرّخ
guardar (cartas, etc.)	ḥafaẓ	حفظ
informar (vt)	ʾāl ly	قال لي
insistir (vi)	aṣarr	أصرّ
insultar (vt)	ahān	أهان
interessar-se (vr)	ehtamm be	إهتمّ بـ
ir (a pé)	meʃy	مشى
ir nadar	sebeḥ	سبح
jantar (vi)	etʿasʃa	إتعشّى

10. Os verbos mais importantes. Parte 3

ler (vt)	ʾara	قرأ
libertar (cidade, etc.)	ḥarrar	حرّر
matar (vt)	ʾatal	قتل
mencionar (vt)	zakar	ذكر
mostrar (vt)	warra	ورّى
mudar (modificar)	ɣayar	غيّر
nadar (vi)	ʿām	عام
negar-se a ...	rafaḍ	رفض
objetar (vt)	eʿtaraḍ	إعترض

ordenar (mil.)	amar	أمر
ouvir (vt)	semeʿ	سمع
pagar (vt)	dafaʿ	دفع
parar (vi)	waʾʾaf	وقّف
participar (vi)	ʃārek	شارك
pedir (comida)	ṭalab	طلب
pedir (um favor, etc.)	ṭalab	طلب
pegar (tomar)	aχad	أخد
pensar (vt)	fakkar	فكّر
perceber (ver)	lāḥaẓ	لاحظ
perdoar (vt)	ʿafa	عفا
perguntar (vt)	saʾal	سأل
permitir (vt)	samaḥ	سمح
pertencer a ...	χaṣṣ	خصّ
planear (vt)	χaṭṭeṭ	خطّط
poder (vi)	ʾeder	قدر
possuir (vt)	malak	ملك
preferir (vt)	faḍḍal	فضّل
preparar (vt)	ḥaḍḍar	حضّر
prever (vt)	tanabbaʾ	تنبّأ
prometer (vt)	waʿad	وعد
pronunciar (vt)	naṭaʾ	نطق
propor (vt)	ʿaraḍ	عرض
punir (castigar)	ʿāqab	عاقب

11. Os verbos mais importantes. Parte 4

quebrar (vt)	kasar	كسر
queixar-se (vr)	ʃaka	شكا
querer (desejar)	ʿāyez	عايز
recomendar (vt)	naṣaḥ	نصح
repetir (dizer outra vez)	karrar	كرّر
repreender (vt)	wabbeχ	وبّخ
reservar (~ um quarto)	ḥagaz	حجز
responder (vt)	gāwab	جاوب
rezar, orar (vi)	ṣalla	صلّى
rir (vi)	ḍeḥek	ضحك
roubar (vt)	saraʾ	سرق
saber (vt)	ʿeref	عرف
sair (~ de casa)	χarag	خرج
salvar (vt)	anqaz	أنقذ
seguir ...	tatabbaʿ	تتبّع
sentar-se (vr)	ʾaʿad	قعد
ser necessário	maṭlūb	مطلوب
ser, estar	kān	كان
significar (vt)	ʾaṣad	قصد
sorrir (vi)	ebtasam	إبتسم

subestimar (vt)	estaχaff	إستخفّ
surpreender-se (vr)	etfāge'	إتفاجئ
tentar (vt)	ḥāwel	حاول
ter (vt)	malak	ملك
ter fome	ʿāyez 'ākol	عايز آكل
ter medo	χāf	خاف
ter sede	ʿāyez aʃrab	عايز أشرب
tocar (com as mãos)	lamas	لمس
tomar o pequeno-almoço	feṭer	فطر
trabalhar (vi)	eʃtaɣal	إشتغل
traduzir (vt)	targem	ترجم
unir (vt)	waḥḥed	وحد
vender (vt)	bāʿ	باع
ver (vt)	ʃāf	شاف
virar (ex. ~ à direita)	ḥād	حاد
voar (vi)	ṭār	طار

12. Cores

cor (f)	lone (m)	لون
matiz (m)	daraget el lōn (m)	درجة اللون
tom (m)	ṣabɣet lōn (f)	صبغة اللون
arco-íris (m)	qose qozaḥ (m)	قوس قزح
branco	abyaḍ	أبيض
preto	aswad	أسود
cinzento	romādy	رمادي
verde	aχḍar	أخضر
amarelo	aṣfar	أصفر
vermelho	aḥmar	أحمر
azul	azra'	أزرق
azul claro	azra' fāteḥ	أزرق فاتح
rosa	wardy	وردي
laranja	bortoqāly	برتقاليّ
violeta	banaffsegy	بنفّسجي
castanho	bonny	بنّي
dourado	dahaby	ذهبي
prateado	feḍḍy	فضّي
bege	bɛ:ʒ	بيج
creme	ʿāgy	عاجّي
turquesa	fayrūzy	فيروزي
vermelho cereja	aḥmar karazy	أحمر كرزي
lilás	laylaky	ليّلكي
carmesim	qormozy	قرمزي
claro	fāteḥ	فاتح
escuro	ɣāme'	غامق

vivo	zāhy	زاهي
de cor	melawwen	ملوّن
a cores	melawwen	ملوّن
preto e branco	abyaḍ we aswad	أبيض وأسوّد
unicolor	sāda	سادة
multicor	mota'added el alwān	متعدّد الألوان

13. Questões

Quem?	mīn?	مين؟
Que?	eyh?	ايه؟
Onde?	feyn?	فين؟
Para onde?	feyn?	فين؟
De onde?	meneyn?	منين؟
Quando?	emta	امتى؟
Para quê?	'aʃān eyh?	عشان ايه؟
Porquê?	leyh?	ليه؟
Para quê?	l eyh?	لـ ليه؟
Como?	ezāy?	إزاي؟
Qual?	eyh?	ايه؟
Qual? (entre dois ou mais)	ayī?	أيّ؟
A quem?	le mīn?	لمين؟
Sobre quem?	'an mīn?	عن مين؟
Do quê?	'an eyh?	عن ايه؟
Com quem?	ma' mīn?	مع مين؟
Quanto, -os, -as?	kām?	كام؟
De quem? (masc.)	betā'et mīn?	بتاعت مين؟

14. Palavras funcionais. Advérbios. Parte 1

Onde?	feyn?	فين؟
aqui	hena	هنا
lá, ali	henāk	هناك
em algum lugar	fe makānen ma	في مكان ما
em lugar nenhum	meʃ fi ayī makān	مش في أيّ مكان
ao pé de ...	ganb	جنب
ao pé da janela	ganb el ʃebbāk	جنب الشبّاك
Para onde?	feyn?	فين؟
para cá	hena	هنا
para lá	henāk	هناك
daqui	men hena	من هنا
de lá, dali	men henāk	من هناك
perto	'arīb	قريب
longe	be'īd	بعيد
perto de ...	'and	عند

ao lado de	ʾarīb	قريب
perto, não fica longe	meʃ beʿīd	مش بعيد
esquerdo	el ʃemāl	الشمال
à esquerda	ʿalal ʃemāl	على الشمال
para esquerda	lel ʃemāl	للشمال
direito	el yemīn	اليمين
à direita	ʿalal yemīn	على اليمين
para direita	lel yemīn	لليمين
à frente	ʾoddām	قدّام
da frente	amāmy	أمامي
em frente (para a frente)	ela el amām	إلى الأمام
atrás de ...	waraʾ	وراء
por detrás (vir ~)	men wara	من ورّا
para trás	le wara	لورّا
meio (m), metade (f)	wasaṭ (m)	وسط
no meio	fel wasat	في الوسط
de lado	ʿala ganb	على جنب
em todo lugar	fe kol makān	في كل مكان
ao redor (olhar ~)	ḥawaleyn	حوالين
de dentro	men gowwah	من جوّه
para algum lugar	le ʾayī makān	لأي مكان
diretamente	ʿala ṭūl	على طول
de volta	rogūʿ	رجوع
de algum lugar	men ayī makān	من أيّ مكان
de um lugar	men makānen mā	من مكان ما
em primeiro lugar	awwalan	أوّلاً
em segundo lugar	sāneyan	ثانياً
em terceiro lugar	sālesan	ثالثاً
de repente	fagʾa	فجأة
no início	fel bedāya	في البداية
pela primeira vez	le ʾawwel marra	لأوّل مرّة
muito antes de ...	ʾabl ... be modda ṭawīla	قبل... بمدة طويلة
de novo, novamente	men gedīd	من جديد
para sempre	lel abad	للأبد
nunca	abadan	أبداً
de novo	tāny	تاني
agora	delwaʾty	دلوقتي
frequentemente	ketīr	كثير
então	waʾtaha	وقتها
urgentemente	ʿala ṭūl	على طول
usualmente	ʿādatan	عادةً
a propósito, ...	ʿala fekra ...	على فكرة...
é possível	momken	ممكن
provavelmente	momken	ممكن

talvez	momken	ممكن
além disso, ...	bel eḍāfa ela ...	بالإضافة إلى...
por isso ...	'aʃān keda	عشان كده
apesar de ...	bel raɣm men ...	بالرغم من...
graças a ...	be faḍl ...	بفضل...
que (pron.)	elly	إللي
que (conj.)	ennu	إنّه
algo	ḥāga (f)	حاجة
alguma coisa	ayī ḥāga (f)	أيّ حاجة
nada	wala ḥāga	ولا حاجة
quem	elly	إللي
alguém (~ teve uma ideia ...)	ḥadd	حدّ
alguém	ḥadd	حدّ
ninguém	wala ḥadd	ولا حدّ
para lugar nenhum	meʃ le wala makān	مش لـ ولا مكان
de ninguém	wala ḥadd	ولا حدّ
de alguém	le ḥadd	لحدّ
tão	geddan	جداً
também (gostaria ~ de ...)	kamān	كمان
também (~ eu)	kamān	كمان

15. Palavras funcionais. Advérbios. Parte 2

Porquê?	leyh?	ليه؟
por alguma razão	le sabeben ma	لسبب ما
porque ...	'aʃān ...	عشان ...
por qualquer razão	le hadafen mā	لهدف ما
e (tu ~ eu)	w	و
ou (ser ~ não ser)	walla	ولّلا
mas (porém)	bass	بسّ
para (~ a minha mãe)	'aʃān	عشان
demasiado, muito	ketīr geddan	كتير جدّاً
só, somente	bass	بس
exatamente	bel ḍabṭ	بالضبط
cerca de (~ 10 kg)	naḥw	نحو
aproximadamente	naḥw	نحو
aproximado	taqrīby	تقريبي
quase	ta'rīban	تقريباً
resto (m)	el bā'y (m)	الباقي
cada	koll	كلّ
qualquer	ayī	أيّ
muito	ketīr	كتير
muitas pessoas	nās ketīr	ناس كتير
todos	koll el nās	كلّ الناس
em troca de ...	fi moqābel ...	في مقابل ...
em troca	fe moqābel	في مقابل

à mão	bel yad	باليد
pouco provável	bel kād	بالكاد
provavelmente	momken	ممكن
de propósito	bel 'aṣd	بالقصد
por acidente	bel ṣodfa	بالصدفة
muito	'awy	قويّ
por exemplo	masalan	مثلاً
entre	beyn	بين
entre (no meio de)	wesṭ	وسط
tanto	ketīr	كتير
especialmente	χāṣṣa	خاصّة

Conceitos básicos. Parte 2

16. Opostos

rico	ɣany	غني
pobre	fa'īr	فقير
doente	marīḍ	مريض
são	salīm	سليم
grande	kebīr	كبير
pequeno	ṣaɣīr	صغير
rapidamente	bosor'a	بسرعة
lentamente	bo boṭ'	ببطء
rápido	saree'	سريع
lento	baṭī'	بطيء
alegre	farḥān	فرحان
triste	ḥazīn	حزين
juntos	ma' ba'ḍ	مع بعض
separadamente	le waḥdo	لوحده
em voz alta (ler ~)	beṣote 'āly	بصوت عالي
para si (em silêncio)	beṣamt	بصمت
alto	'āly	عالي
baixo	wāṭy	واطي
profundo	'amīq	عميق
pouco fundo	ḍaḥl	ضحل
sim	aywa	أيوه
não	la'	لأ
distante (no espaço)	be'īd	بعيد
próximo	'arīb	قريب
longe	be'īd	بعيد
perto	'arīb	قريب
longo	ṭawīl	طويل
curto	'aṣīr	قصير
bom, bondoso	ṭayeb	طيّب
mau	ʃerrīr	شرير
casado	metgawwez	متجوّز

solteiro	a'zab	أعزب
proibir (vt)	mana'	منع
permitir (vt)	samaḥ	سمح
fim (m)	nehāya (f)	نهاية
começo (m)	bedāya (f)	بداية
esquerdo	el ʃemāl	الشمال
direito	el yemīn	اليمين
primeiro	awwel	أوّل
último	'āχer	آخر
crime (m)	garīma (f)	جريمة
castigo (m)	'eqāb (m)	عقاب
ordenar (vt)	amar	أمر
obedecer (vt)	ṭā'	طاع
reto	mostaqīm	مستقيم
curvo	monḥany	منحني
paraíso (m)	el ganna (f)	الجنّة
inferno (m)	el gaḥīm (f)	الجحيم
nascer (vi)	etwalad	إتولّد
morrer (vi)	māt	مات
forte	'awy	قوّي
fraco, débil	ḍa'īf	ضعيف
idoso	'agūz	عجوز
jovem	ʃāb	شاب
velho	'adīm	قديم
novo	gedīd	جديد
duro	ṣalb	صلب
mole	ṭary	طري
tépido	dāfy	دافي
frio	bāred	بارد
gordo	teχīn	تخين
magro	rofaya'	رفيّع
estreito	ḍaye'	ضيّق
largo	wāse'	واسع
bom	kewayes	كويّس
mau	weḥeʃ	وحش
valente	ʃogā'	شجاع
cobarde	gabān	جبان

17. Dias da semana

segunda-feira (f)	el etneyn (m)	الإتنين
terça-feira (f)	el talāt (m)	التلات
quarta-feira (f)	el arbeʿāʾ (m)	الأربعاء
quinta-feira (f)	el χamīs (m)	الخميس
sexta-feira (f)	el gomʿa (m)	الجمعة
sábado (m)	el sabt (m)	السبت
domingo (m)	el aḥad (m)	الأحد
hoje	el naharda	النهارده
amanhã	bokra	بكرة
depois de amanhã	baʿd bokra (m)	بعد بكرة
ontem	embāreḥ	امبارح
anteontem	awwel embāreḥ	أوّل امبارح
dia (m)	yome (m)	يوم
dia (m) de trabalho	yome ʿamal (m)	يوم عمل
feriado (m)	agāza rasmiya (f)	أجازة رسميّة
dia (m) de folga	yome el agāza (m)	يوم أجازة
fim (m) de semana	nehāyet el osbūʿ (f)	نهاية الأسبوع
o dia todo	ṭūl el yome	طول اليوم
no dia seguinte	fel yome elly baʿdīh	في اليوم اللي بعديه
há dois dias	men yomeyn	من يومين
na véspera	fel yome elly ʾablo	في اليوم اللي قبله
diário	yawmy	يومي
todos os dias	yawmiyan	يومياً
semana (f)	osbūʿ (m)	أسبوع
na semana passada	el esbūʿ elly fāt	الأسبوع اللي فات
na próxima semana	el esbūʿ elly gayī	الأسبوع اللي جاي
semanal	osbūʿy	أسبوعي
cada semana	osbūʿiyan	أسبوعياً
duas vezes por semana	marreteyn fel osbūʿ	مرّتين في الأسبوع
cada terça-feira	koll solasāʾ	كلّ ثلاثاء

18. Horas. Dia e noite

manhã (f)	ṣobḥ (m)	صبح
de manhã	fel ṣobḥ	في الصبح
meio-dia (m)	ẓohr (m)	ظهر
à tarde	baʿd el ḍohr	بعد الظهر
noite (f)	leyl (m)	ليل
à noite (noitinha)	bel leyl	بالليل
noite (f)	leyl (m)	ليل
à noite	bel leyl	بالليل
meia-noite (f)	noṣṣ el leyl (m)	نصّ الليل
segundo (m)	sanya (f)	ثانية
minuto (m)	deʾīʾa (f)	دقيقة
hora (f)	sāʿa (f)	ساعة

meia hora (f)	noṣṣ sāʿa (m)	نصّ ساعة
quarto (m) de hora	robʿ sāʿa (f)	ربع ساعة
quinze minutos	χamastāʃer deʾīʾa	خمستاشر دقيقة
vinte e quatro horas	arbaʿa we ʿeʃrīn sāʿa	أربعة وعشرين ساعة
nascer (m) do sol	ʃorūʾ el ʃams (m)	شروق الشمس
amanhecer (m)	fagr (m)	فجر
madrugada (f)	ṣobḥ badry (m)	صبح بدري
pôr do sol (m)	ɣorūb el ʃams (m)	غروب الشمس
de madrugada	el ṣobḥ badry	الصبح بدري
hoje de manhã	el naharda el ṣobḥ	النهاردة الصبح
amanhã de manhã	bokra el ṣobḥ	بكرة الصبح
hoje à tarde	el naharda baʿd el ḍohr	النهاردة بعد الظهر
à tarde	baʿd el ḍohr	بعد الظهر
amanhã à tarde	bokra baʿd el ḍohr	بكرة بعد الظهر
hoje à noite	el naharda bel leyl	النهاردة بالليل
amanhã à noite	bokra bel leyl	بكرة بالليل
às três horas em ponto	es sāʿa talāta bel ḍabṭ	الساعة تلاتة بالضبط
por volta das quatro	es sāʿa arbaʿa taʾrīban	الساعة أربعة تقريبا
às doze	ḥatt es sāʿa etnāʃar	حتى الساعة إتناشر
dentro de vinte minutos	fe χelāl ʿeʃrīn deʿeeʿa	في خلال عشرين دقيقة
dentro duma hora	fe χelāl sāʿa	في خلال ساعة
a tempo	fe mawʿedo	في موعده
menos um quarto	ella robʿ	إلّا ربع
durante uma hora	χelāl sāʿa	خلال ساعة
a cada quinze minutos	koll robʿ sāʿa	كلّ ربع ساعة
as vinte e quatro horas	leyl nahār	ليل نهار

19. Meses. Estações

janeiro (m)	yanāyer (m)	يناير
fevereiro (m)	febrāyer (m)	فبراير
março (m)	māres (m)	مارس
abril (m)	ebrīl (m)	إبريل
maio (m)	māyo (m)	مايو
junho (m)	yonyo (m)	يونيو
julho (m)	yolyo (m)	يوليو
agosto (m)	oɣosṭos (m)	أغسطس
setembro (m)	sebtamber (m)	سبتمبر
outubro (m)	oktober (m)	أكتوبر
novembro (m)	november (m)	نوفمبر
dezembro (m)	desember (m)	ديسمبر
primavera (f)	rabeeʿ (m)	ربيع
na primavera	fel rabeeʿ	في الربيع
primaveril	rabeeʿy	ربيعي
verão (m)	ṣeyf (m)	صيف
no verão	fel ṣeyf	في الصيف

de verão	ṣeyfy	صيفي
outono (m)	χarīf (m)	خريف
no outono	fel χarīf	في الخريف
outonal	χarīfy	خريفي
inverno (m)	ʃetāʾ (m)	شتاء
no inverno	fel ʃetāʾ	في الشتاء
de inverno	ʃetwy	شتوي
mês (m)	ʃahr (m)	شهر
este mês	fel ʃahr da	في الشهر ده
no próximo mês	el ʃahr el gayī	الشهر الجاي
no mês passado	el ʃahr elly fāt	الشهر اللي فات
há um mês	men ʃahr	من شهر
dentro de um mês	baʿd ʃahr	بعد شهر
dentro de dois meses	baʿd ʃahreyn	بعد شهرين
todo o mês	el ʃahr kollo	الشهر كلّه
um mês inteiro	ṭawāl el ʃahr	طوال الشهر
mensal	ʃahry	شهري
mensalmente	ʃahry	شهري
cada mês	koll ʃahr	كلّ شهر
duas vezes por mês	marreteyn fel ʃahr	مرّتين في الشهر
ano (m)	sana (f)	سنة
este ano	el sana di	السنة دي
no próximo ano	el sana el gaya	السنة الجايّة
no ano passado	el sana elly fātet	السنة اللي فاتت
há um ano	men sana	من سنة
dentro dum ano	baʿd sana	بعد سنة
dentro de 2 anos	baʿd sanateyn	بعد سنتين
todo o ano	el sana kollaha	السنة كلّها
um ano inteiro	ṭūl el sana	طول السنة
cada ano	koll sana	كلّ سنة
anual	sanawy	سنوي
anualmente	koll sana	كلّ سنة
quatro vezes por ano	arbaʿ marrāt fel sana	أربع مرات في السنة
data (~ de hoje)	tarīχ (m)	تاريخ
data (ex. ~ de nascimento)	tarīχ (m)	تاريخ
calendário (m)	natīga (f)	نتيجة
meio ano	noṣṣ sana	نصّ سنة
seis meses	settet aʃ-hor (f)	ستّة أشهر
estação (f)	faṣl (m)	فصل
século (m)	qarn (m)	قرن

20. Tempo. Diversos

tempo (m)	waʾt (m)	وقت
momento (m)	laḥza (f)	لحظة

instante (m)	laḫza (f)	لحظة
instantâneo	laḫza	لحظة
lapso (m) de tempo	fatra (f)	فترة
vida (f)	ḥayah (f)	حياة
eternidade (f)	abadiya (f)	أبديّة
época (f)	ʿahd (m)	عهد
era (f)	ʿaṣr (m)	عصر
ciclo (m)	dawra (f)	دوّرة
período (m)	fatra (f)	فترة
prazo (m)	fatra (f)	فترة
futuro (m)	el mostaqbal (m)	المستقبل
futuro	elly gayī	اللي جاي
da próxima vez	el marra el gaya	المرّة الجايّة
passado (m)	el māḍy (m)	الماضي
passado	elly fāt	اللي فات
na vez passada	el marra elly fātet	المرّة اللي فاتت
mais tarde	baʿdeyn	بعدين
depois	baʿd	بعد
atualmente	el ayām di	الأيام دي
agora	delwaʾty	دلوّقتي
imediatamente	ḥālan	حالاً
em breve, brevemente	ʾarīb	قريب
de antemão	moʾaddaman	مقدّماً
há muito tempo	men zamān	من زمان
há pouco tempo	men ʾorayeb	من قريّب
destino (m)	maṣīr (m)	مصير
recordações (f pl)	zekra (f)	زكرى
arquivo (m)	arʃīf (m)	أرشيف
durante ...	esnāʾ...	إثناء...
durante muito tempo	modda ṭawīla	مدّة طويلة
pouco tempo	le fatra ʾaṣīra	لفترة قصيرة
cedo (levantar-se ~)	badry	بدري
tarde (deitar-se ~)	metʾakχer	متأخّر
para sempre	lel abad	للأبد
começar (vt)	badaʾ	بدأ
adiar (vt)	aggel	أجّل
simultaneamente	fe nafs el waqt	في نفس الوقت
permanentemente	be ʃakl dāʾem	بشكل دائم
constante (ruído, etc.)	mostamerr	مستمرّ
temporário	moʾakkatan	مؤقّتاً
às vezes	saʿāt	ساعات
raramente	nāderan	نادراً
frequentemente	ketīr	كثير

21. Linhas e formas

quadrado (m)	morabbaʿ (m)	مربّع
quadrado	morabbaʿ	مربّع

círculo (m)	dayra (f)	دايرة
redondo	medawwar	مدور
triângulo (m)	mosallas (m)	مثلث
triangular	mosallasy el ʃakl	مثلثي الشكل
oval (f)	bayḍawy (m)	بيضوي
oval	bayḍawy	بيضوي
retângulo (m)	mostaṭīl (m)	مستطيل
retangular	mostaṭīly	مستطيلي
pirâmide (f)	haram (m)	هرم
rombo, losango (m)	moʿayen (m)	معين
trapézio (m)	ʃebh el monḥaref (m)	شبه المنحرف
cubo (m)	mokaʿab (m)	مكعب
prisma (m)	manʃūr (m)	منشور
circunferência (f)	moḥīṭ monḥany moɣlaq (m)	محيط منحنى مغلق
esfera (f)	kora (f)	كرة
globo (m)	kora (f)	كرة
diâmetro (m)	qaṭr (m)	قطر
raio (m)	noṣṣ qaṭr (m)	نص قطر
perímetro (m)	moḥīṭ (m)	محيط
centro (m)	wasaṭ (m)	وسط
horizontal	ofoqy	أفقي
vertical	ʿamūdy	عمودي
paralela (f)	motawāz (m)	متواز
paralelo	motawāzy	متوازي
linha (f)	χaṭṭ (m)	خط
traço (m)	ḥaraka (m)	حركة
reta (f)	χaṭṭ mostaqīm (m)	خط مستقيم
curva (f)	χaṭṭ monḥany (m)	خط منحني
fino (linha ~a)	rofayaʿ	رفيع
contorno (m)	kontūr (m)	كنتور
interseção (f)	taqāṭoʿ (m)	تقاطع
ângulo (m) reto	zawya mostaqīma (f)	زاوية مستقيمة
segmento (m)	ʾeṭʿa (f)	قطعة
setor (m)	qaṭāʿ (m)	قطاع
lado (de um triângulo, etc.)	gāneb (m)	جانب
ângulo (m)	zawya (f)	زاوية

22. Unidades de medida

peso (m)	wazn (m)	وزن
comprimento (m)	ṭūl (m)	طول
largura (f)	ʿarḍ (m)	عرض
altura (f)	ertefāʿ (m)	إرتفاع
profundidade (f)	ʿomq (m)	عمق
volume (m)	ḥagm (m)	حجم
área (f)	mesāḥa (f)	مساحة
grama (m)	gram (m)	جرام
miligrama (m)	milligrām (m)	مليغرام

quilograma (m)	kilogrām (m)	كيلوغرام
tonelada (f)	ṭenn (m)	طنّ
libra (453,6 gramas)	reṭl (m)	رطل
onça (f)	onṣa (f)	أونصة
metro (m)	metr (m)	متر
milímetro (m)	millimetr (m)	ملّيمتر
centímetro (m)	santimetr (m)	سنتيمتر
quilómetro (m)	kilometr (m)	كيلومتر
milha (f)	mīl (m)	ميل
polegada (f)	boṣa (f)	بوصة
pé (304,74 mm)	ʾadam (m)	قدم
jarda (914,383 mm)	yarda (f)	ياردة
metro (m) quadrado	metr morabbaʿ (m)	متر مربّع
hectare (m)	hektār (m)	هكتار
litro (m)	litre (m)	لتر
grau (m)	daraga (f)	درجة
volt (m)	volt (m)	فولت
ampere (m)	ambere (m)	أمبير
cavalo-vapor (m)	ḥoṣān (m)	حصان
quantidade (f)	kemiya (f)	كميّة
um pouco de ...	ʃewayet ...	شويّة...
metade (f)	noṣṣ (m)	نصّ
dúzia (f)	desta (f)	دستة
peça (f)	waḥda (f)	وحدة
dimensão (f)	ḥagm (m)	حجم
escala (f)	meʾyās (m)	مقياس
mínimo	el adna	الأدنى
menor, mais pequeno	el aṣɣar	الأصغر
médio	motawasseṭ	متوّسط
máximo	el aqṣa	الأقصى
maior, mais grande	el akbar	الأكبر

23. Recipientes

boião (m) de vidro	barṭamān (m)	برطمان
lata (~ de cerveja)	kanz (m)	كانز
balde (m)	gardal (m)	جردل
barril (m)	barmīl (m)	برميل
bacia (~ de plástico)	ḥoḍe lel ɣasīl (m)	حوض للغسيل
tanque (m)	χazzān (m)	خزّان
cantil (m) de bolso	zamzamiya (f)	زمزميّة
bidão (m) de gasolina	ʒerken (m)	جركن
cisterna (f)	χazzān (m)	خزّان
caneca (f)	mugg (m)	ماجّ
chávena (f)	fengān (m)	فنجان

pires (m)	ṭaba' fengān (m)	طبق فنجان
copo (m)	kobbāya (f)	كوبّاية
taça (f) de vinho	kāsa (f)	كاسة
panela, caçarola (f)	ḥalla (f)	حلّة
garrafa (f)	ezāza (f)	إزازة
gargalo (m)	'onq (m)	عنق
jarro, garrafa (f)	dawra' zogāgy (m)	دوّرق زجاجي
jarro (m) de barro	ebrī' (m)	إبريق
recipiente (m)	we'ā' (m)	وعاء
pote (m)	aṣīṣ (m)	أصيص
vaso (m)	vāza (f)	فازة
frasco (~ de perfume)	ezāza (f)	إزازة
frasquinho (ex. ~ de iodo)	ezāza (f)	إزازة
tubo (~ de pasta dentífrica)	anbūba (f)	أنبوبة
saca (ex. ~ de açúcar)	kīs (m)	كيس
saco (~ de plástico)	kīs (m)	كيس
maço (m)	'elba (f)	علبة
caixa (~ de sapatos, etc.)	'elba (f)	علبة
caixa (~ de madeira)	ṣandū' (m)	صندوق
cesta (f)	salla (f)	سلّة

24. Materiais

material (m)	madda (f)	مادّة
madeira (f)	χaʃab (m)	خشب
de madeira	χaʃaby	خشبي
vidro (m)	ezāz (m)	إزاز
de vidro	ezāz	إزاز
pedra (f)	ḥagar (m)	حجر
de pedra	ḥagary	حجري
plástico (m)	blastik (m)	بلاستيك
de plástico	men el blastik	من البلاستيك
borracha (f)	maṭṭāṭ (m)	مطّاط
de borracha	maṭṭāṭy	مطّاطي
tecido, pano (m)	'omāʃ (m)	قماش
de tecido	men el 'omāʃ	من القماش
papel (m)	wara' (m)	ورق
de papel	wara'y	ورقي
cartão (m)	kartōn (m)	كرتون
de cartão	kartony	كرتوني
polietileno (m)	bolyetylen (m)	بولي ايثيلين
celofane (m)	sellofān (m)	سيلوفان

contraplacado (m)	ablakāʃ (m)	أبلكاش
porcelana (f)	borsalīn (m)	بورسلين
de porcelana	men el borsalīn	من البورسلين
barro (f)	ṭīn (m)	طين
de barro	fokχāry	فخّاري
cerâmica (f)	seramīk (m)	سيراميك
de cerâmica	men el seramik	من السيراميك

25. Metais

metal (m)	maʿdan (m)	معدن
metálico	maʿdany	معدني
liga (f)	sebīka (f)	سبيكة
ouro (m)	dahab (m)	ذهب
de ouro	dahaby	ذهبي
prata (f)	faḍḍa (f)	فضّة
de prata	feḍḍy	فضّي
ferro (m)	ḥadīd (m)	حديد
de ferro	ḥadīdy	حديدي
aço (m)	fulāz (m)	فولاذ
de aço	folāzy	فولاذي
cobre (m)	neḥās (m)	نحاس
de cobre	neḥāsy	نحاسي
alumínio (m)	aluminyum (m)	الومينيوم
de alumínio	aluminyum	الومينيوم
bronze (m)	bronze (m)	برونز
de bronze	bronzy	برونزي
latão (m)	neḥās aṣfar (m)	نحاس أصفر
níquel (m)	nikel (m)	نيكل
platina (f)	blatīn (m)	بلاتين
mercúrio (m)	zeʾbaq (m)	زئبق
estanho (m)	ʾaṣdīr (m)	قصدير
chumbo (m)	roṣāṣ (m)	رصاص
zinco (m)	zink (m)	زنك

O SER HUMANO

O ser humano. O corpo

26. Humanos. Conceitos básicos

ser (m) humano	ensān (m)	إنسان
homem (m)	rāgel (m)	راجل
mulher (f)	set (f)	ست
criança (f)	ṭefl (m)	طفل
menina (f)	bent (f)	بنت
menino (m)	walad (m)	ولد
adolescente (m)	morāheq (m)	مراهق
velho (m)	ʿagūz (m)	عجوز
velha, anciã (f)	ʿagūza (f)	عجوزة

27. Anatomia humana

organismo (m)	ʿoḍw (m)	عضو
coração (m)	ʾalb (m)	قلب
sangue (m)	damm (m)	دم
artéria (f)	ʃeryān (m)	شريان
veia (f)	ʿerʾ (m)	عرق
cérebro (m)	mokχ (m)	مخ
nervo (m)	ʿaṣab (m)	عصب
nervos (m pl)	aʿṣāb (pl)	أعصاب
vértebra (f)	faqra (f)	فقرة
coluna (f) vertebral	ʿamūd faqry (m)	عمود فقري
estômago (m)	meʿda (f)	معدة
intestinos (m pl)	amʿāʾ (pl)	أمعاء
intestino (m)	maʿy (m)	معى
fígado (m)	kebd (f)	كبد
rim (m)	kelya (f)	كلية
osso (m)	ʿaḍm (m)	عظم
esqueleto (m)	haykal ʿazmy (m)	هيكل عظمي
costela (f)	ḍelʿ (m)	ضلع
crânio (m)	gomgoma (f)	جمجمة
músculo (m)	ʿaḍala (f)	عضلة
bíceps (m)	biseps (f)	بايسبس
tríceps (m)	triseps (f)	ترايسبس
tendão (m)	watar (m)	وتر
articulação (f)	mefṣal (m)	مفصل

pulmões (m pl)	re'ateyn (du)	رئتين
órgãos (m pl) genitais	a'ḍā' tanasoliya (pl)	أعضاء تناسلية
pele (f)	boʃra (m)	بشرة

28. Cabeça

cabeça (f)	ra's (m)	رأس
cara (f)	weʃ (m)	وش
nariz (m)	manaχīr (m)	مناخير
boca (f)	bo' (m)	بوء
olho (m)	'eyn (f)	عين
olhos (m pl)	'oyūn (pl)	عيون
pupila (f)	ḥad'a (f)	حدقة
sobrancelha (f)	ḥāgeb (m)	حاجب
pestana (f)	remʃ (m)	رمش
pálpebra (f)	gefn (m)	جفن
língua (f)	lesān (m)	لسان
dente (m)	senna (f)	سنّة
lábios (m pl)	ʃafāyef (pl)	شفايف
maçãs (f pl) do rosto	'aḍmet el χadd (f)	عضمة الخدّ
gengiva (f)	lassa (f)	لثّة
palato (m)	ḥanak (m)	حنك
narinas (f pl)	manaχer (pl)	مناخر
queixo (m)	da''n (m)	دقن
mandíbula (f)	fakk (m)	فكّ
bochecha (f)	χadd (m)	خدّ
testa (f)	gabha (f)	جبهة
têmpora (f)	ṣedɣ (m)	صدغ
orelha (f)	wedn (f)	ودن
nuca (f)	'afa (m)	قفا
pescoço (m)	ra'aba (f)	رقبة
garganta (f)	zore (m)	زور
cabelos (m pl)	ʃa'r (m)	شعر
penteado (m)	tasrīḥa (f)	تسريحة
corte (m) de cabelo	tasrīḥa (f)	تسريحة
peruca (f)	barūka (f)	باروكة
bigode (m)	ʃanab (pl)	شنب
barba (f)	leḥya (f)	لحية
usar, ter (~ barba, etc.)	'ando	عنده
trança (f)	ḍefīra (f)	ضفيرة
suíças (f pl)	sawālef (pl)	سوالف
ruivo	aḥmar el ʃa'r	أحمر الشعر
grisalho	ʃa'r abyaḍ	شعر أبيض
calvo	aṣla'	أصلع
calva (f)	ṣala' (m)	صلع
rabo-de-cavalo (m)	deyl ḥoṣān (m)	ديل حصان
franja (f)	'oṣṣa (f)	قصّة

29. Corpo humano

mão (f)	yad (m)	يد
braço (m)	derā' (f)	دراع
dedo (m)	ṣobā' (m)	صباع
dedo (m) do pé	ṣobā' el 'adam (m)	صباع القدم
polegar (m)	ebhām (m)	إبهام
dedo (m) mindinho	χonṣor (m)	خنصر
unha (f)	ḍefr (m)	ضفر
punho (m)	qabḍa (f)	قبضة
palma (f) da mão	kaff (f)	كفّ
pulso (m)	me'ṣam (m)	معصم
antebraço (m)	sā'ed (m)	ساعد
cotovelo (m)	kū' (m)	كوع
ombro (m)	ketf (f)	كتف
perna (f)	regl (f)	رجل
pé (m)	qadam (f)	قدم
joelho (m)	rokba (f)	ركبة
barriga (f) da perna	semmāna (f)	سمّانة
anca (f)	faχd (f)	فخد
calcanhar (m)	ka'b (m)	كعب
corpo (m)	gesm (m)	جسم
barriga (f)	baṭn (m)	بطن
peito (m)	ṣedr (m)	صدر
seio (m)	sady (m)	ثدي
lado (m)	ganb (m)	جنب
costas (f pl)	ḍahr (m)	ضهر
região (f) lombar	asfal el ḍahr (m)	أسفل الضهر
cintura (f)	wesṭ (f)	وسط
umbigo (m)	sorra (f)	سرّة
nádegas (f pl)	ardāf (pl)	أرداف
traseiro (m)	debr (m)	دبر
sinal (m)	ʃāma (f)	شامة
sinal (m) de nascença	waḥma	وحمة
tatuagem (f)	waʃm (m)	وشم
cicatriz (f)	nadba (f)	ندبة

Vestuário & Acessórios

30. Roupa exterior. Casacos

roupa (f)	malābes (pl)	ملابس
roupa (f) exterior	malābes fo'aniya (pl)	ملابس فوقانيّة
roupa (f) de inverno	malābes ʃetwiya (pl)	ملابس شتويّة
sobretudo (m)	balṭo (m)	بالطو
casaco (m) de peles	balṭo farww (m)	بالطو فروّ
casaco curto (m) de peles	ʒaket farww (m)	جاكيت فروّ
casaco (m) acolchoado	balṭo maḥʃy rīʃ (m)	بالطو محشي ريش
casaco, blusão (m)	ʒæket (m)	جاكيت
impermeável (m)	ʒæket lel maṭar (m)	جاكيت للمطر
impermeável	wāqy men el maya	واقي من الميّة

31. Vestuário de homem & mulher

camisa (f)	'amīṣ (m)	قميص
calças (f pl)	banṭalone (f)	بنطلون
calças (f pl) de ganga	ʒeans (m)	جينز
casaco (m) de fato	ʒæket (f)	جاكت
fato (m)	badla (f)	بدلة
vestido (ex. ~ vermelho)	fostān (m)	فستان
saia (f)	ʒība (f)	جيبة
blusa (f)	bloza (f)	بلوزة
casaco (m) de malha	kardigan (m)	كارديجن
casaco, blazer (m)	ʒæket (m)	جاكيت
T-shirt, camiseta (f)	ti ʃirt (m)	تي شيرت
calções (Bermudas, etc.)	ʃort (m)	شورت
fato (m) de treino	treneng (m)	ترينينج
roupão (m) de banho	robe el ḥammām (m)	روب حمّام
pijama (m)	beʒāma (f)	بيجاما
suéter (m)	blover (f)	بلوفر
pulôver (m)	blover (m)	بلوفر
colete (m)	vest (m)	فيست
fraque (m)	badlet sahra ṭawīla (f)	بدلة سهرة طويلة
smoking (m)	badla (f)	بدلة
uniforme (m)	zayī muwaḥḥad (m)	زيّ موحّد
roupa (f) de trabalho	lebs el ʃoɣl (m)	لبس الشغل
fato-macaco (m)	overall (m)	اوفر اول
bata (~ branca, etc.)	balṭo (m)	بالطو

32. Vestuário. Roupa interior

roupa (f) interior	malābes dāχeliya (pl)	ملابس داخلية
cuecas boxer (f pl)	sirwāl dāχly rigāly (m)	سروال داخلي رجالي
cuecas (f pl)	sirwāl dāχly nisā'y (m)	سروال داخلي نسائي
camisola (f) interior	fanella (f)	فانلّا
peúgas (f pl)	ʃarāb (m)	شراب
camisa (f) de noite	'amīṣ nome (m)	قميص نوم
sutiã (m)	setyāna (f)	ستيانة
meias longas (f pl)	ʃarabāt ṭawīla (pl)	شرابات طويلة
meia-calça (f)	klone (m)	كلون
meias (f pl)	gawāreb (pl)	جوارب
fato (m) de banho	mayo (m)	مايّوه

33. Adereços de cabeça

chapéu (m)	ṭa'iya (f)	طاقيّة
chapéu (m) de feltro	borneyṭa (f)	برنيطة
boné (m) de beisebol	base bāl kāb (m)	بيس بول كاب
boné (m)	ṭa'iya mosaṭṭaḥa (f)	طاقيّة مسطحة
boina (f)	bereyh (m)	بيريه
capuz (m)	ɣaṭa' (f)	غطاء
panamá (m)	qobba'et banama (f)	قبّعة بناما
gorro (m) de malha	ays kāb (m)	آيس كاب
lenço (m)	eʃarb (m)	إيشارب
chapéu (m) de mulher	borneyṭa (f)	برنيطة
capacete (m) de proteção	χawza (f)	خوذة
bibico (m)	kāb (m)	كاب
capacete (m)	χawza (f)	خوذة
chapéu-coco (m)	qobba'a (f)	قبّعة
chapéu (m) alto	qobba'a rasmiya (f)	قبّعة رسمية

34. Calçado

calçado (m)	gezam (pl)	جزم
botinas (f pl)	gazma (f)	جزمة
sapatos (de salto alto, etc.)	gazma (f)	جزمة
botas (f pl)	būt (m)	بوت
pantufas (f pl)	ʃebʃeb (m)	شبشب
ténis (m pl)	kotʃy tennis (m)	كوتشي تنس
sapatilhas (f pl)	kotʃy (m)	كوتشي
sandálias (f pl)	ṣandal (pl)	صندل
sapateiro (m)	eskāfy (m)	إسكافي
salto (m)	ka'b (m)	كعب

par (m)	goze (m)	جوز
atacador (m)	ʃerīṭ (m)	شريط
apertar os atacadores	rabaṭ	ربط
calçadeira (f)	labbāsa el gazma (f)	لبّاسة الجزمة
graxa (f) para calçado	warnīʃ el gazma (m)	ورنيش الجزمة

35. Têxtil. Tecidos

algodão (m)	ʾoṭn (m)	قطن
de algodão	ʾoṭny	قطني
linho (m)	kettān (m)	كتّان
de linho	men el kettān	من الكتّان
seda (f)	ḥarīr (m)	حرير
de seda	ḥarīry	حريري
lã (f)	ṣūf (m)	صوف
de lã	ṣūfiya	صوفية
veludo (m)	moχmal (m)	مخمل
camurça (f)	geld mazʾabar (m)	جلد مزأبر
bombazina (f)	ʾoṭṭn ʾaṭīfa (f)	قطن قطيفة
náilon (m)	nylon (m)	نايلون
de náilon	men el naylon	من النيلون
poliéster (m)	bolyester (m)	بوليستر
de poliéster	men el bolyastar	من البوليستر
couro (m)	geld (m)	جلد
de couro	men el geld	من الجلد
pele (f)	farww (m)	فروّ
de peles, de pele	men el farww	من الفروّ

36. Acessórios pessoais

luvas (f pl)	gwanty (m)	جوانتي
mitenes (f pl)	gwanty men ɣeyr aṣābeʿ (m)	جوانتي من غير أصابع
cachecol (m)	skarf (m)	سكارف
óculos (m pl)	naḍḍāra (f)	نظّارة
armação (f) de óculos	eṭār (m)	إطار
guarda-chuva (m)	ʃamsiya (f)	شمسيّة
bengala (f)	ʿaṣāya (f)	عصاية
escova (f) para o cabelo	forʃet ʃaʿr (f)	فرشة شعر
leque (m)	marwaḥa (f)	مروّحة
gravata (f)	karavetta (f)	كرافتة
gravata-borboleta (f)	bebyona (m)	بيبيونة
suspensórios (m pl)	ḥammala (f)	حمّالة
lenço (m)	mandīl (m)	منديل
pente (m)	meʃṭ (m)	مشط
travessão (m)	dabbūs (m)	دبّوس

gancho (m) de cabelo	bensa (m)	بنسة
fivela (f)	bokla (f)	بكلة
cinto (m)	ḥezām (m)	حزام
correia (f)	ḥammalet el ketf (f)	حمّالة الكتف
mala (f)	ʃanṭa (f)	شنطة
mala (f) de senhora	ʃanṭet yad (f)	شنطة يد
mochila (f)	ʃanṭet ḍahr (f)	شنطة ظهر

37. Vestuário. Diversos

moda (f)	mūḍa (f)	موضة
na moda	fel moḍa	في الموضة
estilista (m)	moṣammem azyā' (m)	مصمّم أزياء
colarinho (m), gola (f)	yā'a (f)	ياقة
bolso (m)	geyb (m)	جيب
de bolso	geyb	جيب
manga (f)	komm (m)	كمّ
alcinha (f)	'elāqa (f)	علّاقة
braguilha (f)	lesān (m)	لسان
fecho (m) de correr	sosta (f)	سوستة
fecho (m), colchete (m)	maʃbak (m)	مشبك
botão (m)	zerr (m)	زرّ
casa (f) de botão	'arwa (f)	عروة
soltar-se (vr)	we'e'	وقع
coser, costurar (vi)	χayaṭ	خيّط
bordar (vt)	ṭarraz	طرّز
bordado (m)	taṭrīz (m)	تطريز
agulha (f)	ebra (f)	إبرة
fio (m)	χeyṭ (m)	خيط
costura (f)	derz (m)	درز
sujar-se (vr)	ettwassaχ	إتّوسّخ
mancha (f)	bo''a (f)	بقعة
engelhar-se (vr)	takarmaʃ	تكرمش
rasgar (vt)	'aṭa'	قطع
traça (f)	'etta (f)	عتّة

38. Cuidados pessoais. Cosméticos

pasta (f) de dentes	ma'gūn asnān (m)	معجون أسنان
escova (f) de dentes	forʃet senān (f)	فرشة أسنان
escovar os dentes	naḍḍaf el asnān	نظّف الأسنان
máquina (f) de barbear	mūs (m)	موس
creme (m) de barbear	krīm ḥelā'a (m)	كريم حلاقة
barbear-se (vr)	ḥala'	حلق
sabonete (m)	ṣabūn (m)	صابون

champô (m)	ʃambū (m)	شامبو
tesoura (f)	maʾaṣ (m)	مقص
lima (f) de unhas	mabrad (m)	مبرد
corta-unhas (m)	melʾaṭ (m)	ملقط
pinça (f)	melʾaṭ (m)	ملقط
cosméticos (m pl)	mawād tagmīl (pl)	مواد تجميل
máscara (f) facial	mask (m)	ماسك
manicura (f)	monekīr (m)	مونيكير
fazer a manicura	ʿamal monikīr	عمل مونيكير
pedicure (f)	badikīr (m)	باديكير
mala (f) de maquilhagem	ʃanṭet mekyāʒ (f)	شنطة مكياج
pó (m)	bodret weʃ (f)	بودرة وش
caixa (f) de pó	ʿelbet bodra (f)	علبة بودرة
blush (m)	aḥmar χodūd (m)	أحمر خدود
perfume (m)	barfān (m)	بارفان
água (f) de toilette	kolonya (f)	كولونيا
loção (f)	loʃion (m)	لوشن
água-de-colónia (f)	kolonya (f)	كولونيا
sombra (f) de olhos	eyeʃadow (m)	ايّ شادو
lápis (m) delineador	koḥl (m)	كحل
máscara (f), rímel (m)	maskara (f)	ماسكارا
batom (m)	rūʒ (m)	روج
verniz (m) de unhas	monekīr (m)	مونيكير
laca (f) para cabelos	mosabbet el ʃaʿr (m)	مثبّت الشعر
desodorizante (m)	mozīl ʿaraʾ (m)	مزيل عرق
creme (m)	krīm (m)	كريم
creme (m) de rosto	krīm lel weʃ (m)	كريم للوش
creme (m) de mãos	krīm eyd (m)	كريم أيد
creme (m) antirrugas	krīm moḍād lel tagaʿīd (m)	كريم مضاد للتجاعيد
creme (m) de dia	krīm en nahār (m)	كريم النهار
creme (m) de noite	krīm el leyl (m)	كريم الليل
de dia	nahāry	نهاري
da noite	layly	ليّلي
tampão (m)	tambon (m)	تانبون
papel (m) higiénico	waraʾ twalet (m)	ورق تواليت
secador (m) elétrico	seʃwār (m)	سشوار

39. Joalheria

joias (f pl)	mogawharāt (pl)	مجوّهرات
precioso	ɣāly	غالي
marca (f) de contraste	damɣa (f)	دمغة
anel (m)	χātem (m)	خاتم
aliança (f)	deblet el faraḥ (m)	دبلة الفرح
pulseira (f)	eswera (m)	إسوّرة
brincos (m pl)	ḥalaʾ (m)	حلق

colar (m)	ʿoʾd (m)	عقد
coroa (f)	tāg (m)	تاج
colar (m) de contas	ʿoʾd χaraz (m)	عقد خرز
diamante (m)	almāz (m)	ألماز
esmeralda (f)	zomorrod (m)	زمرّد
rubi (m)	yaʾūt aḥmar (m)	ياقوت أحمر
safira (f)	yaʾūt azraʾ (m)	ياقوت أزرق
pérola (f)	loʾloʾ (m)	لؤلؤ
âmbar (m)	kahramān (m)	كهرمان

40. Relógios de pulso. Relógios

relógio (m) de pulso	sāʿa (f)	ساعة
mostrador (m)	wag-h el sāʿa (m)	وجه الساعة
ponteiro (m)	ʿaʾrab el sāʿa (m)	عقرب الساعة
bracelete (f) em aço	ʃerīṭ sāʿa maʿdaniya (m)	شريط ساعة معدنية
bracelete (f) em couro	ʃerīṭ el sāʿa (m)	شريط الساعة
pilha (f)	baṭṭariya (f)	بطّاريّة
descarregar-se	χelṣet	خلصت
trocar a pilha	ɣayar el baṭṭariya	غيّر البطّاريّة
estar adiantado	sabaʾ	سبق
estar atrasado	taʾakχar	تأخّر
relógio (m) de parede	sāʿet ḥeyṭa (f)	ساعة حيطة
ampulheta (f)	sāʿa ramliya (f)	ساعة رمليّة
relógio (m) de sol	sāʿa ʃamsiya (f)	ساعة شمسيّة
despertador (m)	monabbeh (m)	منبّه
relojoeiro (m)	saʿāty (m)	ساعاتي
reparar (vt)	ṣallaḥ	صلّح

Alimentação. Nutrição

41. Comida

carne (f)	laḥma (f)	لحمة
galinha (f)	ferāχ (m)	فراخ
frango (m)	farrūg (m)	فروج
pato (m)	baṭṭa (f)	بطّة
ganso (m)	wezza (f)	وزّة
caça (f)	ṣeyd (m)	صيد
peru (m)	dīk rūmy (m)	ديك رومي
carne (f) de porco	laḥm el χanazīr (m)	لحم الخنزير
carne (f) de vitela	laḥm el ʿegl (m)	لحم العجل
carne (f) de carneiro	laḥm ḍāny (m)	لحم ضاني
carne (f) de vaca	laḥm baqary (m)	لحم بقري
carne (f) de coelho	laḥm arāneb (m)	لحم أرانب
chouriço, salsichão (m)	sogo'' (m)	سجق
salsicha (f)	sogo'' (m)	سجق
bacon (m)	bakon (m)	بيكون
fiambre (f)	hām(m)	هام
presunto (m)	faχd χanzīr (m)	فخذ خنزير
patê (m)	maʿgūn laḥm (m)	معجون لحم
fígado (m)	kebda (f)	كبدة
carne (f) moída	hamburger (m)	هامبورجر
língua (f)	lesān (m)	لسان
ovo (m)	beyḍa (f)	بيضة
ovos (m pl)	beyḍ (m)	بيض
clara (f) do ovo	bayāḍ el beyḍ (m)	بياض البيض
gema (f) do ovo	ṣafār el beyḍ (m)	صفار البيض
peixe (m)	samak (m)	سمك
mariscos (m pl)	sīfūd (pl)	سي فود
caviar (m)	kaviar (m)	كافيار
caranguejo (m)	kaboria (m)	كابوريا
camarão (m)	gammbary (m)	جمبري
ostra (f)	maḥār (m)	محار
lagosta (f)	estakoza (m)	استاكوزا
polvo (m)	aχṭabūṭ (m)	أخطبوط
lula (f)	kalmāry (m)	كالماري
esturjão (m)	samak el ḥafʃ (m)	سمك الحفش
salmão (m)	salamon (m)	سلمون
halibute (m)	samak el halbūt (m)	سمك الهلبوت
bacalhau (m)	samak el qadd (m)	سمك القد
cavala, sarda (f)	makerel (m)	ماكريل

atum (m)	tuna (f)	تونة
enguia (f)	ḥankalīs (m)	حنكليس
truta (f)	salamon mera''aṭ (m)	سلمون مرقّط
sardinha (f)	sardīn (m)	سردين
lúcio (m)	samak el karāky (m)	سمك الكراكي
arenque (m)	renga (f)	رنجة
pão (m)	'eyʃ (m)	عيش
queijo (m)	gebna (f)	جبنة
açúcar (m)	sokkar (m)	سكّر
sal (m)	melḥ (m)	ملح
arroz (m)	rozz (m)	رزّ
massas (f pl)	makaruna (f)	مكرونة
talharim (m)	nūdles (f)	نودلز
manteiga (f)	zebda (f)	زبدة
óleo (m) vegetal	zeyt (m)	زيت
óleo (m) de girassol	zeyt 'abbād el ʃams (m)	زيت عبّاد الشمس
margarina (f)	margarīn (m)	مارجرين
azeitonas (f pl)	zaytūn (m)	زيتون
azeite (m)	zeyt el zaytūn (m)	زيت الزيتون
leite (m)	laban (m)	لبن
leite (m) condensado	ḥalīb mokassaf (m)	حليب مكثّف
iogurte (m)	zabādy (m)	زبادي
nata (f) azeda	kreyma ḥamḍa (f)	كريمة حامضة
nata (f) do leite	krīma (f)	كريمة
maionese (f)	mayonnɛ:z (m)	مايونيز
creme (m)	krīmet zebda (f)	كريمة زبدة
grãos (m pl) de cereais	ḥobūb 'amḥ (pl)	حبوب قمح
farinha (f)	de'ī' (m)	دقيق
enlatados (m pl)	mo'allabāt (pl)	معلّبات
flocos (m pl) de milho	korn fleks (m)	كورن فليكس
mel (m)	'asal (m)	عسل
doce (m)	mrabba (m)	مربّى
pastilha (f) elástica	lebān (m)	لبان

42. Bebidas

água (f)	meyāh (f)	مياه
água (f) potável	mayet ʃorb (m)	ميّة شرب
água (f) mineral	maya ma'daniya (f)	ميّة معدنية
sem gás	rakeda	راكدة
gaseificada	kanz	كانز
com gás	kanz	كانز
gelo (m)	talg (m)	ثلج
com gelo	bel talg	بالثلج

sem álcool	men ɣeyr koḥūl	من غير كحول
bebida (f) sem álcool	maʃrūb ɣāzy (m)	مشروب غازي
refresco (m)	ḥāga saʾʿa (f)	حاجة ساقعة
limonada (f)	limonāta (f)	ليموناتة
bebidas (f pl) alcoólicas	maʃrūbāt koḥūliya (pl)	مشروبات كحولية
vinho (m)	χamra (f)	خمرة
vinho (m) branco	nebīz abyaḍ (m)	نبيذ أبيض
vinho (m) tinto	nebī aḥmar (m)	نبيذ أحمر
licor (m)	liqure (m)	ليكيور
champanhe (m)	ʃambania (f)	شمبانيا
vermute (m)	vermote (m)	فيرموت
uísque (m)	wiski (m)	ويسكي
vodka (f)	vodka (f)	فودكا
gim (m)	ʒin (m)	جين
conhaque (m)	konyāk (m)	كونياك
rum (m)	rum (m)	رم
café (m)	ʾahwa (f)	قهوة
café (m) puro	ʾahwa sāda (f)	قهوة سادة
café (m) com leite	ʾahwa bel ḥalīb (f)	قهوة بالحليب
cappuccino (m)	kaputʃino (m)	كابتشينو
café (m) solúvel	neskafe (m)	نيسكافيه
leite (m)	laban (m)	لبن
coquetel (m)	koktayl (m)	كوكتيل
batido (m) de leite	milk ʃejk (m)	ميلك شيك
sumo (m)	ʿaṣīr (m)	عصير
sumo (m) de tomate	ʿaṣīr ṭamāṭem (m)	عصير طماطم
sumo (m) de laranja	ʿaṣīr bortoqāl (m)	عصير برتقال
sumo (m) fresco	ʿaṣīr freʃ (m)	عصير فريش
cerveja (f)	bīra (f)	بيرة
cerveja (f) clara	bīra χafīfa (f)	بيرة خفيفة
cerveja (f) preta	bīra ɣamʾa (f)	بيرة غامقة
chá (m)	ʃāy (m)	شاي
chá (m) preto	ʃāy aḥmar (m)	شاي أحمر
chá (m) verde	ʃāy aχḍar (m)	شاي أخضر

43. Vegetais

legumes (m pl)	χoḍār (pl)	خضار
verduras (f pl)	χoḍrawāt waraqiya (pl)	خضروات ورقية
tomate (m)	ṭamāṭem (f)	طماطم
pepino (m)	χeyār (m)	خيار
cenoura (f)	gazar (m)	جزر
batata (f)	baṭāṭes (f)	بطاطس
cebola (f)	baṣal (m)	بصل
alho (m)	tūm (m)	ثوم

couve (f)	koronb (m)	كرنب
couve-flor (f)	ʾarnabīṭ (m)	قرنبيط
couve-de-bruxelas (f)	koronb broksel (m)	كرنب بروكسل
brócolos (m pl)	brokkoli (m)	بركولي
beterraba (f)	bangar (m)	بنجر
beringela (f)	bātengān (m)	باذنجان
curgete (f)	kōsa (f)	كوسة
abóbora (f)	qarʿ ʿasaly (m)	قرع عسلي
nabo (m)	left (m)	لفت
salsa (f)	baʾdūnes (m)	بقدونس
funcho, endro (m)	ʃabat (m)	شبت
alface (f)	χass (m)	خسّ
aipo (m)	karfas (m)	كرفس
espargo (m)	helione (m)	هليون
espinafre (m)	sabāneχ (m)	سبانخ
ervilha (f)	besella (f)	بسلّة
fava (f)	fūl (m)	فول
milho (m)	dora (f)	ذرة
feijão (m)	faṣolya (f)	فاصوليا
pimentão (m)	felfel (m)	فلفل
rabanete (m)	fegl (m)	فجل
alcachofra (f)	χarʃūf (m)	خرشوف

44. Frutos. Nozes

fruta (f)	faχa (f)	فاكهة
maçã (f)	toffāḥa (f)	تفّاحة
pera (f)	komettra (f)	كمّثرى
limão (m)	lymūn (m)	ليمون
laranja (f)	bortoqāl (m)	برتقال
morango (m)	farawla (f)	فراولة
tangerina (f)	yosfy (m)	يوسفي
ameixa (f)	barʾūʾ (m)	برقوق
pêssego (m)	χawχa (f)	خوخة
damasco (m)	meʃmeʃ (f)	مشمش
framboesa (f)	tūt el ʿalīʾ el aḥmar (m)	توت العليق الأحمر
ananás (m)	ananās (m)	أناناس
banana (f)	moze (m)	موز
melancia (f)	baṭṭīχ (m)	بطّيخ
uva (f)	ʿenab (m)	عنب
ginja, cereja (f)	karaz (m)	كرز
meloa (f)	ʃammām (f)	شمّام
toranja (f)	grabe frūt (m)	جريب فروت
abacate (m)	avokado (f)	افوكاتو
papaia (f)	babāya (m)	ببايا
manga (f)	manga (m)	مانجة
romã (f)	rommān (m)	رمان

groselha (f) vermelha	keʃmeʃ aḥmar (m)	كشمش أحمر
groselha (f) preta	keʃmeʃ aswad (m)	كشمش أسود
groselha (f) espinhosa	ʻenab el saʻlab (m)	عنب الثعلب
mirtilo (m)	ʻenab al aḥrāg (m)	عنب الأحراج
amora silvestre (f)	tūt aswad (m)	توت أسود
uvas (f pl) passas	zebīb (m)	زبيب
figo (m)	tīn (m)	تين
tâmara (f)	tamr (m)	تمر
amendoim (m)	fūl sudāny (m)	فول سوداني
amêndoa (f)	loze (m)	لوز
noz (f)	ʻeyn gamal (f)	عين الجمل
avelã (f)	bondo' (m)	بندق
coco (m)	goze el hend (m)	جوز هند
pistáchios (m pl)	fosto' (m)	فستق

45. Pão. Bolaria

pastelaria (f)	ḥalawīāt (pl)	حلويّات
pão (m)	ʻeyʃ (m)	عيش
bolacha (f)	baskawīt (m)	بسكويت
chocolate (m)	ʃokolāta (f)	شكولاتة
de chocolate	bel ʃokolāṭa	بالشكولاتة
rebuçado (m)	bonbony (m)	بونبوني
bolo (cupcake, etc.)	keyka (f)	كيكة
bolo (m) de aniversário	torta (f)	تورتة
tarte (~ de maçã)	feṭīra (f)	فطيرة
recheio (m)	ḥaʃwa (f)	حشوة
doce (m)	mrabba (m)	مربّى
geleia (f) de frutas	marmalād (f)	مرملاد
waffle (m)	waffles (pl)	وافلز
gelado (m)	'ays krīm (m)	آيس كريم
pudim (m)	būding (m)	بودنج

46. Pratos cozinhados

prato (m)	wagba (f)	وجبة
cozinha (~ portuguesa)	maṭbaχ (m)	مطبخ
receita (f)	waṣfa (f)	وصفة
porção (f)	naṣīb (m)	نصيب
salada (f)	solṭa (f)	سلطة
sopa (f)	ʃorba (f)	شوربة
caldo (m)	mara'a (m)	مرقة
sandes (f)	sandawitʃ (m)	ساندويتش
ovos (m pl) estrelados	beyḍ ma'ly (m)	بيض مقلي
hambúrguer (m)	hamburger (m)	هامبورجر

bife (m)	steak laḥm (m)	ستيك لحم
conduto (m)	ṭaba' gāneby (m)	طبق جانبي
espaguete (m)	spaɣetti (m)	سباجيتي
puré (m) de batata	baṭāṭes mahrūsa (f)	بطاطس مهروسة
pizza (f)	bītza (f)	بيتزا
papa (f)	'aṣīda (f)	عصيدة
omelete (f)	omlette (m)	اومليت
cozido em água	maslū'	مسلوق
fumado	modakχen	مدخّن
frito	ma'ly	مقلي
seco	mogaffaf	مجفّف
congelado	mogammad	مجمّد
em conserva	meχallel	مخلّل
doce (açucarado)	mesakkar	مسكّر
salgado	māleḥ	مالح
frio	bāred	بارد
quente	soχn	سخن
amargo	morr	مرّ
gostoso	ḥelw	حلو
cozinhar (em água a ferver)	sala'	سلق
fazer, preparar (vt)	ḥaḍḍar	حضّر
fritar (vt)	'ala	قلى
aquecer (vt)	sakχan	سخّن
salgar (vt)	rasʃ malḥ	رشّ ملح
apimentar (vt)	rasʃ felfel	رشّ فلفل
ralar (vt)	baraʃ	برش
casca (f)	'eʃra (f)	قشرة
descascar (vt)	'asʃar	قشّر

47. Especiarias

sal (m)	melḥ (m)	ملح
salgado	māleḥ	مالح
salgar (vt)	rasʃ malḥ	رشّ ملح
pimenta (f) preta	felfel aswad (m)	فلفل أسوّد
pimenta (f) vermelha	felfel aḥmar (m)	فلفل أحمر
mostarda (f)	mosṭarda (m)	مسطردة
raiz-forte (f)	fegl ḥār (m)	فجل حار
condimento (m)	bahār (m)	بهار
especiaria (f)	bahār (m)	بهار
molho (m)	ṣalṣa (f)	صلصة
vinagre (m)	χall (m)	خلّ
anis (m)	yansūn (m)	ينسون
manjericão (m)	rīḥān (m)	ريحان
cravo (m)	'oronfol (m)	قرنفل
gengibre (m)	zangabīl (m)	زنجبيل
coentro (m)	kozbora (f)	كزبرة

canela (f)	ʾerfa (f)	قرفة
sésamo (m)	semsem (m)	سمسم
folhas (f pl) de louro	waraʾ el ɣār (m)	ورق الغار
páprica (f)	babrika (f)	بابريكا
cominho (m)	karawya (f)	كراوية
açafrão (m)	zaʿfarān (m)	زعفران

48. Refeições

comida (f)	akl (m)	أكل
comer (vt)	akal	أكل
pequeno-almoço (m)	foṭūr (m)	فطور
tomar o pequeno-almoço	feṭer	فطر
almoço (m)	ɣadaʾ (m)	غداء
almoçar (vi)	etɣadda	إتغدّى
jantar (m)	ʿaʃāʾ (m)	عشاء
jantar (vi)	etʿasʃa	إتعشّى
apetite (m)	ʃahiya (f)	شهيّة
Bom apetite!	bel hana wel ʃefa!	بالهنا والشفا!
abrir (~ uma lata, etc.)	fataḥ	فتح
derramar (vt)	dalaʾ	دلق
derramar-se (vr)	dalaʾ	دلق
ferver (vi)	ɣely	غلى
ferver (vt)	ɣely	غلى
fervido	maɣly	مغلي
arrefecer (vt)	barrad	برّد
arrefecer-se (vr)	barrad	برّد
sabor, gosto (m)	ṭaʿm (m)	طعم
gostinho (m)	ṭaʿm ma baʿd el mazāq (m)	طعم ما بعد المذاق
fazer dieta	χass	خسّ
dieta (f)	reʒīm (m)	رجيم
vitamina (f)	vitamīn (m)	فيتامين
caloria (f)	soʿra ḥarāriya (f)	سعرة حراريّة
vegetariano (m)	nabāty (m)	نباتي
vegetariano	nabāty	نباتي
gorduras (f pl)	dohūn (pl)	دهون
proteínas (f pl)	brotenāt (pl)	بروتينات
carboidratos (m pl)	naʃawīāt (pl)	نشويّات
fatia (~ de limão, etc.)	ʃarīḥa (f)	شريحة
pedaço (~ de bolo)	ʾeṭʿa (f)	قطعة
migalha (f)	fattāta (f)	فتاتة

49. Por a mesa

colher (f)	maʿlaʾa (f)	معلقة
faca (f)	sekkīna (f)	سكّينة

garfo (m)	ʃawka (f)	شوكة
chávena (f)	fengān (m)	فنجان
prato (m)	ṭaba' (m)	طبق
pires (m)	ṭaba' fengān (m)	طبق فنجان
guardanapo (m)	mandīl wara' (m)	منديل ورق
palito (m)	χallet senān (f)	خلة سنان

50. Restaurante

restaurante (m)	maṭʿam (m)	مطعم
café (m)	'ahwa (f), kaféih (m)	قهوة, كافيه
bar (m), cervejaria (f)	bār (m)	بار
salão (m) de chá	ṣalone ʃāy (m)	صالون شاي
empregado (m) de mesa	garsone (m)	جرسون
empregada (f) de mesa	garsona (f)	جرسونة
barman (m)	bārman (m)	بارمان
ementa (f)	qā'emet el ṭaʿām (f)	قائمة طعام
lista (f) de vinhos	qā'emet el χomūr (f)	قائمة خمور
reservar uma mesa	ḥagaz sofra	حجز سفرة
prato (m)	wagba (f)	وجبة
pedir (vt)	ṭalab	طلب
fazer o pedido	ṭalab	طلب
aperitivo (m)	ʃarāb (m)	شراب
entrada (f)	moqabbelāt (pl)	مقبّلات
sobremesa (f)	ḥalawīāt (pl)	حلويّات
conta (f)	ḥesāb (m)	حساب
pagar a conta	dafaʿ el ḥesāb	دفع الحساب
dar o troco	edda el bā'y	ادّي الباقي
gorjeta (f)	ba'ʃīʃ (m)	بقشيش

Família, parentes e amigos

51. Informação pessoal. Formulários

nome (m)	esm (m)	اسم
apelido (m)	esm el ʿaʾela (m)	اسم العائلة
data (f) de nascimento	tarīχ el melād (m)	تاريخ الميلاد
local (m) de nascimento	makān el melād (m)	مكان الميلاد
nacionalidade (f)	gensiya (f)	جنسيّة
lugar (m) de residência	maqarr el eqāma (m)	مقرّ الإقامة
país (m)	balad (m)	بلد
profissão (f)	mehna (f)	مهنة
sexo (m)	ginss (m)	جنس
estatura (f)	ṭūl (m)	طول
peso (m)	wazn (m)	وزن

52. Membros da família. Parentes

mãe (f)	walda (f)	والدة
pai (m)	wāled (m)	والد
filho (m)	walad (m)	ولد
filha (f)	bent (f)	بنت
filha (f) mais nova	el bent el saɣīra (f)	البنت الصغيرة
filho (m) mais novo	el ebn el saɣīr (m)	الابن الصغير
filha (f) mais velha	el bent el kebīra (f)	البنت الكبيرة
filho (m) mais velho	el ebn el kabīr (m)	الابن الكبير
irmão (m)	aχ (m)	أخ
irmão (m) mais velho	el aχ el kibīr (m)	الأخ الكبير
irmão (m) mais novo	el aχ el ṣoɣeyyir (m)	الأخ الصغير
irmã (f)	oχt (f)	أخت
irmã (f) mais velha	el uχt el kibīra (f)	الأخت الكبيرة
irmã (f) mais nova	el uχt el ṣoɣeyyira (f)	الأخت الصغيرة
primo (m)	ibn ʿamm (m), ibn χāl (m)	إبن عمّ, إبن خال
prima (f)	bint ʿamm (f), bint χāl (f)	بنت عم, بنت خال
mamã (f)	mama (f)	ماما
papá (m)	baba (m)	بابا
pais (pl)	waldeyn (du)	والدين
criança (f)	ṭefl (m)	طفل
crianças (f pl)	aṭfāl (pl)	أطفال
avó (f)	gedda (f)	جدّة
avô (m)	gadd (m)	جدّ
neto (m)	ḥafīd (m)	حفيد

neta (f)	ḥafīda (f)	حفيدة
netos (pl)	aḥfād (pl)	أحفاد
tio (m)	ʿamm (m), χāl (m)	عمّ, خال
tia (f)	ʿamma (f), χāla (f)	عمة, خالة
sobrinho (m)	ibn el aχ (m), ibn el uχt (m)	إبن الأخ, إبن الأخت
sobrinha (f)	bint el aχ (f), bint el uχt (f)	بنت الأخ, بنت الأخت
sogra (f)	ḥamah (f)	حماة
sogro (m)	ḥama (m)	حما
genro (m)	goze el bent (m)	جوز البنت
madrasta (f)	merāt el abb (f)	مرات الأب
padrasto (m)	goze el omm (m)	جوز الأم
criança (f) de colo	ṭefl raḍeeʿ (m)	طفل رضيع
bebé (m)	mawlūd (m)	موّلود
menino (m)	walad ṣaɣīr (m)	ولد صغير
mulher (f)	goza (f)	جوزة
marido (m)	goze (m)	جوز
esposo (m)	goze (m)	جوز
esposa (f)	goza (f)	جوزة
casado	metgawwez	متجوّز
casada	metgawweza	متجوّزة
solteiro	aʿzab	أعزب
solteirão (m)	aʿzab (m)	أعزب
divorciado	moṭallaq (m)	مطلّق
viúva (f)	armala (f)	أرملة
viúvo (m)	armal (m)	أرمل
parente (m)	ʾarīb (m)	قريب
parente (m) próximo	nesīb ʾarīb (m)	نسيب قريب
parente (m) distante	nesīb beʿīd (m)	نسيب بعيد
parentes (m pl)	aqāreb (pl)	أقارب
órfão (m), órfã (f)	yatīm (m)	يتيم
tutor (m)	walyī amr (m)	وليّ أمر
adotar (um filho)	tabanna	تبنّى
adotar (uma filha)	tabanna	تبنّى

53. Amigos. Colegas de trabalho

amigo (m)	ṣadīq (m)	صديق
amiga (f)	ṣadīqa (f)	صديقة
amizade (f)	ṣadāqa (f)	صداقة
ser amigos	ṣādaq	صادق
amigo (m)	ṣāḥeb (m)	صاحب
amiga (f)	ṣaḥba (f)	صاحبة
parceiro (m)	rafīʾ (m)	رفيق
chefe (m)	raʾīs (m)	رئيس
superior (m)	el arfaʿ maqāman (m)	الأرفع مقاماً
proprietário (m)	ṣāḥib (m)	صاحب

subordinado (m)	tābeʿ (m)	تابع
colega (m)	zamīl (m)	زميل
conhecido (m)	maʿrefa (m)	معرفة
companheiro (m) de viagem	rafīʾ safar (m)	رفيق سفر
colega (m) de classe	zamīl fel ṣaff (m)	زميل في الصفّ
vizinho (m)	gār (m)	جار
vizinha (f)	gāra (f)	جارة
vizinhos (pl)	gerān (pl)	جيران

54. Homem. Mulher

mulher (f)	set (f)	ست
rapariga (f)	bent (f)	بنت
noiva (f)	ʿarūsa (f)	عروسة
bonita	gamīla	جميلة
alta	ṭawīla	طويلة
esbelta	raʃīqa	رشيقة
de estatura média	ʾaṣīra	قصيرة
loura (f)	ʃaʾra (f)	شقراء
morena (f)	zāt al ʃaʿr el dāken (f)	ذات الشعر الداكن
de senhora	sayedāt	سيّدات
virgem (f)	ʿazrāʾ (f)	عذراء
grávida	ḥāmel	حامل
homem (m)	rāgel (m)	راجل
louro (m)	aʃʾar (m)	أشقر
moreno (m)	zu el ʃaʿr el dāken (m)	ذو الشعر الداكن
alto	ṭawīl	طويل
de estatura média	ʾaṣīr	قصير
rude	waqeḥ	وقح
atarracado	malyān	مليان
robusto	matīn	متين
forte	ʾawy	قويّ
força (f)	ʾowwa (f)	قوّة
gordo	teχīn	تخين
moreno	asmar	أسمر
esbelto	raʃīq	رشيق
elegante	anīq	أنيق

55. Idade

idade (f)	ʿomr (m)	عمر
juventude (f)	ʃabāb (m)	شباب
jovem	ʃāb	شاب
mais novo	aṣɣar	أصغر

mais velho	akbar	أكبر
jovem (m)	ʃāb (m)	شاب
adolescente (m)	morāheq (m)	مراهق
rapaz (m)	ʃāb (m)	شاب
velho (m)	ʿagūz (m)	عجوز
velhota (f)	ʿagūza (f)	عجوزة
adulto	rāʃed (m)	راشد
de meia-idade	fe montaṣaf el ʿomr	في منتصف العمر
idoso, de idade	ʿagūz	عجوز
velho	ʿagūz	عجوز
reforma (f)	maʿāʃ (m)	معاش
reformar-se (vr)	oḥīl ʿala el maʿāʃ	أحيل على المعاش
reformado (m)	motaqāʿed (m)	متقاعد

56. Crianças

criança (f)	ṭefl (m)	طفل
crianças (f pl)	aṭfāl (pl)	أطفال
gémeos (m pl)	tawʾam (du)	توأم
berço (m)	mahd (m)	مهد
guizo (m)	χoʃχeyʃa (f)	خشخيشة
fralda (f)	bambarz, ḥaffāḍ (m)	بامبرز, حفاض
chupeta (f)	bazzāza (f)	بزّازة
carrinho (m) de bebé	ʿarabet aṭfāl (f)	عربة أطفال
jardim (m) de infância	rawḍet aṭfāl (f)	روضة أطفال
babysitter (f)	dāda (f)	دادة
infância (f)	ṭofūla (f)	طفولة
boneca (f)	ʿarūsa (f)	عروسة
brinquedo (m)	leʿba (f)	لعبة
jogo (m) de armar	mokaʿʿabāt (pl)	مكعّبات
bem-educado	moʾaddab	مؤدّب
mal-educado	ʾalīl el adab	قليل الأدب
mimado	metdallaʿ	متدلّع
ser travesso	ʃefy	شقي
travesso, traquinas	laʿūb	لعوب
travessura (f)	ezʿāg (m)	إزعاج
criança (f) travessa	ṭefl laʿūb (m)	طفل لعوب
obediente	moṭeeʿ	مطيع
desobediente	ʿāq	عاقّ
dócil	ʿāʾel	عاقل
inteligente	zaky	ذكي
menino (m) prodígio	ṭefl moʿgeza (m)	طفل معجزة

57. Casais. Vida de família

beijar (vt)	bās	باس
beijar-se (vr)	bās	باس
família (f)	ʿeyla (f)	عيلة
familiar	ʿāʾely	عائلي
casal (m)	gozeyn (du)	جوزين
matrimónio (m)	gawāz (m)	جواز
lar (m)	beyt (m)	بيت
dinastia (f)	solāla ḥākema (f)	سلالة حاكمة
encontro (m)	mawʿed (m)	موّعد
beijo (m)	bosa (f)	بوسة
amor (m)	ḥobb (m)	حبّ
amar (vt)	ḥabb	حبّ
amado, querido	ḥabīb	حبيب
ternura (f)	ḥanān (m)	حنان
terno, afetuoso	ḥanūn	حنون
fidelidade (f)	el eχlāṣ (m)	الإخلاص
fiel	moχleṣ	مخلص
cuidado (m)	ʿenāya (f)	عناية
carinhoso	mohtamm	مهتّم
recém-casados (m pl)	ʿarūseyn (du)	عروسين
lua de mel (f)	ʃahr el ʿasal (m)	شهر العسل
casar-se (com um homem)	tagawwaz	تجوّز
casar-se (com uma mulher)	tagawwaz	تجوّز
boda (f)	faraḥ (m)	فرح
amante (m)	ḥabīb (m)	حبيب
amante (f)	ḥabība (f)	حبيبة
adultério (m)	χeyāna zawgiya (f)	خيانة زوّجية
cometer adultério	χān	خان
ciumento	ɣayūr	غيّور
ser ciumento	ɣār	غار
divórcio (m)	ṭalāʾ (m)	طلاق
divorciar-se (vr)	ṭallaʾ	طلّق
brigar (discutir)	etχāneʾ	إتخانق
fazer as pazes	taṣālaḥ	تصالح
juntos	maʿ baʿḍ	مع بعض
sexo (m)	ginss (m)	جنس
felicidade (f)	saʿāda (f)	سعادة
feliz	saʿīd	سعيد
infelicidade (f)	moṣība (m)	مصيبة
infeliz	taʿīs	تعيس

Caráter. Sentimentos. Emoções

58. Sentimentos. Emoções

sentimento (m)	ʃoʿūr (m)	شعور
sentimentos (m pl)	maʃāʿer (pl)	مشاعر
sentir (vt)	ʃaʿar	شعر
fome (f)	gūʿ (m)	جوع
ter fome	ʿāyez ʾākol	عايز آكل
sede (f)	ʿaṭaʃ (m)	عطش
ter sede	ʿāyez aʃrab	عايز أشرب
sonolência (f)	neʿās (m)	نعاس
estar sonolento	neʿes	نعس
cansaço (m)	taʿab (m)	تعب
cansado	taʿbān	تعبان
ficar cansado	teʿeb	تعب
humor (m)	mazāg (m)	مزاج
tédio (m)	malal (m)	ملل
aborrecer-se (vr)	zeheʾ	زهق
isolamento (m)	ʿozla (f)	عزلة
isolar-se	ʿazal	عزل
preocupar (vt)	aʾlaʾ	أقلق
preocupar-se (vr)	ʾeleʾ	قلق
preocupação (f)	ʾalaʾ (m)	قلق
ansiedade (f)	ʾalaʾ (m)	قلق
preocupado	maʃɣūl el bāl	مشغول البال
estar nervoso	etwattar	إتوّتر
entrar em pânico	etχaḍḍ	إتخضّ
esperança (f)	amal (m)	أمل
esperar (vt)	tamanna	تمنّى
certeza (f)	yaqīn (m)	يقين
certo	motaʾakked	متأكّد
indecisão (f)	ʿadam el taʾakkod (m)	عدم التأكّد
indeciso	meʃ motaʾakked	مش متأكّد
ébrio, bêbado	sakrān	سكران
sóbrio	ṣāḥy	صاحي
fraco	ḍaʿīf	ضعيف
feliz	saʿīd	سعيد
assustar (vt)	χawwef	خوّف
fúria (f)	ɣaḍab ʃedīd (m)	غضب شديد
ira, raiva (f)	ɣaḍab (m)	غضب
depressão (f)	ekteʾāb (m)	إكتئاب
desconforto (m)	ʿadam erteyāḥ (m)	عدم إرتياح

conforto (m)	rāḥa (f)	راحة
arrepender-se (vr)	nedem	ندم
arrependimento (m)	nadam (m)	ندم
azar (m), má sorte (f)	sū' ḥaẓẓ (m)	سوء حظ
tristeza (f)	ḥozn (f)	حزن
vergonha (f)	χagal (m)	خجل
alegria (f)	faraḥ (m)	فرح
entusiasmo (m)	ḥamās (m)	حماس
entusiasta (m)	motaḥammes (m)	متحمّس
mostrar entusiasmo	taḥammas	تحمّس

59. Caráter. Personalidade

caráter (m)	ʃaχṣiya (f)	شخصية
falha (f) de caráter	ʿeyb (m)	عيب
mente (f), razão (f)	ʿa'l (m)	عقل
consciência (f)	ḍamīr (m)	ضمير
hábito (m)	ʿāda (f)	عادة
habilidade (f)	qodra (f)	قدرة
saber (~ nadar, etc.)	ʿeref	عرف
paciente	ṣabūr	صبور
impaciente	'alīl el ṣabr	قليل الصبر
curioso	foḍūly	فضولي
curiosidade (f)	foḍūl (m)	فضول
modéstia (f)	tawāḍoʿ (m)	تواضع
modesto	motawāḍeʿ	متواضع
imodesto	meʃ motawāḍeʿ	مش متواضع
preguiça (f)	kasal (m)	كسل
preguiçoso	kaslān	كسلان
preguiçoso (m)	kaslān (m)	كسلان
astúcia (f)	makr (m)	مكر
astuto	makkār	مكّار
desconfiança (f)	ʿadam el seqa (m)	عدم الثقة
desconfiado	ʃakkāk	شكّاك
generosidade (f)	karam (m)	كرم
generoso	karīm	كريم
talentoso	mawhūb	موهوب
talento (m)	mawheba (f)	موهبة
corajoso	ʃogāʿ	شجاع
coragem (f)	ʃagāʿa (f)	شجاعة
honesto	amīn	أمين
honestidade (f)	amāna (f)	أمانة
prudente	ḥazer	حذر
valente	ʃogāʿ	شجاع
sério	gād	جاد

severo	ṣārem	صارم
decidido	ḥāsem	حاسم
indeciso	motaradded	متردّد
tímido	χagūl	خجول
timidez (f)	χagal (m)	خجل
confiança (f)	seqa (f)	ثقة
confiar (vt)	wasaq	وثق
crédulo	saree' el taṣdīq	سريع التصديق
sinceramente	beṣarāḥa	بصراحة
sincero	moχleṣ	مخلص
sinceridade (f)	eχlāṣ (m)	إخلاص
aberto	ṣarīḥ	صريح
calmo	hady	هادئ
franco	ṣarīḥ	صريح
ingénuo	sāzeg	ساذج
distraído	ʃāred el fekr	شارد الفكر
engraçado	moḍḥek	مضحك
ganância (f)	boχl (m)	بخل
ganancioso	ṭammā'	طماع
avarento	baχīl	بخيل
mau	ʃerrīr	شرير
teimoso	'anīd	عنيد
desagradável	karīh	كريه
egoísta (m)	anāny (m)	أناني
egoísta	anāny	أناني
cobarde (m)	gabān (m)	جبان
cobarde	gabān	جبان

60. O sono. Sonhos

dormir (vi)	nām	نام
sono (m)	nome (m)	نوم
sonho (m)	ḥelm (m)	حلم
sonhar (vi)	ḥelem	حلم
sonolento	na'sān	نعسان
cama (f)	serīr (m)	سرير
colchão (m)	martaba (f)	مرتبة
cobertor (m)	baṭṭaniya (f)	بطّانيّة
almofada (f)	maχadda (f)	مخدّة
lençol (m)	melāya (f)	ملاية
insónia (f)	araq (m)	أرق
insone	bodūn nome	بدون نوم
sonífero (m)	monawwem (m)	منوّم
tomar um sonífero	aχad monawwem	اخد منوّم
estar sonolento	ne'es	نعس
bocejar (vi)	ettāweb	إتّاوب

ir para a cama	rāḥ lel serīr	راح للسرير
fazer a cama	waḍḍab el serīr	وضّب السرير
adormecer (vi)	nām	نام
pesadelo (m)	kabūs (m)	كابوس
ronco (m)	ʃeχīr (m)	شخير
roncar (vi)	ʃakχar	شخّر
despertador (m)	monabbeh (m)	منبّه
acordar, despertar (vt)	ṣaḥḥa	صحّى
acordar (vi)	ṣeḥy	صحي
levantar-se (vr)	ʾām	قام
lavar-se (vr)	ɣasal	غسل

61. Humor. Riso. Alegria

humor (m)	hezār (m)	هزار
sentido (m) de humor	ḥess fokāhy (m)	حسّ فكاهي
divertir-se (vr)	estamtaʿ	إستمتع
alegre	farḥān	فرحان
alegria (f)	bahga (f)	بهجة
sorriso (m)	ebtesāma (f)	إبتسامة
sorrir (vi)	ebtasam	إبتسم
começar a rir	badaʾ yeḍḥak	بدأ يضحك
rir (vi)	ḍeḥek	ضحك
riso (m)	ḍeḥka (f)	ضحكة
anedota (f)	ḥekāya (f)	حكاية
engraçado	moḍḥek	مضحك
ridículo	moḍḥek	مضحك
brincar, fazer piadas	hazzar	هزّر
piada (f)	nokta (f)	نكتة
alegria (f)	saʿāda (f)	سعادة
regozijar-se (vr)	mereḥ	مرح
alegre	saʿīd	سعيد

62. Discussão, conversação. Parte 1

comunicação (f)	tawāṣol (m)	تواصل
comunicar-se (vr)	tawāṣal	تواصل
conversa (f)	moḥadsa (f)	محادثة
diálogo (m)	ḥewār (m)	حوار
discussão (f)	monaʾʃa (f)	مناقشة
debate (m)	χelāf (m)	خلاف
debater (vt)	χālef	خالف
interlocutor (m)	muḥāwer (m)	محاوّر
tema (m)	mawḍūʿ (m)	موضوع
ponto (m) de vista	weg-het naẓar (f)	وجهة نظر

opinião (f)	ra'yī (m)	رأي
discurso (m)	χeṭāb (m)	خطاب
discussão (f)	mona'ʃa (f)	مناقشة
discutir (vt)	nā'eʃ	ناقش
conversa (f)	ḥadīs (m)	حديث
conversar (vi)	dardeʃ	دردش
encontro (m)	leqā' (m)	لقاء
encontrar-se (vr)	'ābel	قابل
provérbio (m)	masal (m)	مثل
ditado (m)	maqūla (f)	مقولة
adivinha (f)	loɣz (m)	لغز
dizer uma adivinha	toʃakkel loɣz	تشكّل لغز
senha (f)	kelmet el morūr (f)	كلمة مرور
segredo (m)	serr (m)	سرّ
juramento (m)	qasam (m)	قسم
jurar (vi)	aqsam	أقسم
promessa (f)	wa'd (m)	وعد
prometer (vt)	wa'ad	وعد
conselho (m)	naṣīḥa (f)	نصيحة
aconselhar (vt)	naṣaḥ	نصح
seguir o conselho	tatabba' naṣīḥa	تتبّع نصيحة
escutar (~ os conselhos)	aṭā'	أطاع
novidade, notícia (f)	aχbār (m)	أخبار
sensação (f)	ḍagga (f)	ضجّة
informação (f)	ma'lumāt (pl)	معلومات
conclusão (f)	estentāg (f)	إستنتاج
voz (f)	ṣote (m)	صوت
elogio (m)	madḥ (m)	مدح
amável	laṭīf	لطيف
palavra (f)	kelma (f)	كلمة
frase (f)	'ebāra (f)	عبارة
resposta (f)	gawāb (m)	جواب
verdade (f)	ḥa'ī'a (f)	حقيقة
mentira (f)	kezb (m)	كذب
pensamento (m)	fekra (f)	فكرة
ideia (f)	fekra (f)	فكرة
fantasia (f)	χayāl (m)	خيال

63. Discussão, conversação. Parte 2

estimado	moḥtaram	محترم
respeitar (vt)	eḥtaram	إحترم
respeito (m)	eḥterām (m)	إحترام
Estimado ..., Caro ...	'azīzy ...	عزيزي...
apresentar (vt)	'arraf	عرّف
travar conhecimento	ta'arraf	تعرّف

intenção (f)	niya (f)	نيّة
tencionar (vt)	nawa	نوى
desejo (m)	omniya (f)	أمنية
desejar (ex. ~ boa sorte)	tamanna	تمنّى
surpresa (f)	mofag'a (f)	مفاجأة
surpreender (vt)	fāga'	فاجئ
surpreender-se (vr)	etfāge'	إتفاجئ
dar (vt)	edda	أدّى
pegar (tomar)	aχad	أخد
devolver (vt)	radd	ردّ
retornar (vt)	ragga'	رجّع
desculpar-se (vr)	e'tazar	إعتذر
desculpa (f)	e'tezār (m)	إعتذار
perdoar (vt)	'afa	عفا
falar (vi)	etkallem	إتكلّم
escutar (vt)	seme'	سمع
ouvir até o fim	seme'	سمع
compreender (vt)	fehem	فهم
mostrar (vt)	'araḍ	عرض
olhar para ...	baṣṣ	بصّ
chamar (dizer em voz alta o nome)	nāda	نادى
distrair (vt)	ʃaɣal	شغل
perturbar (vt)	az'ag	أزعج
entregar (~ em mãos)	sallem	سلّم
pedido (m)	ṭalab (m)	طلب
pedir (ex. ~ ajuda)	ṭalab	طلب
exigência (f)	maṭlab (m)	مطلب
exigir (vt)	ṭāleb	طالب
chamar nomes (vt)	ɣāẓ	غاظ
zombar (vt)	saχar	سخر
zombaria (f)	soχreya (f)	سخرية
alcunha (f)	esm el ʃohra (m)	اسم الشهرة
insinuação (f)	talmīḥ (m)	تلميح
insinuar (vt)	lammaḥ	لمّح
subentender (vt)	'aṣad	قصد
descrição (f)	waṣf (m)	وصف
descrever (vt)	waṣaf	وصف
elogio (m)	madḥ (m)	مدح
elogiar (vt)	madaḥ	مدح
desapontamento (m)	χeybet amal (f)	خيبة أمل
desapontar (vt)	χayab	خيّب
desapontar-se (vr)	χābet 'āmalo	خابت آماله
suposição (f)	efterāḍ (m)	إفتراض
supor (vt)	eftaraḍ	إفترض

advertência (f)	taḥzīr (m)	تحذير
advertir (vt)	ḥazzar	حذّر

64. Discussão, conversação. Parte 3

convencer (vt)	aqnaʿ	أقنع
acalmar (vt)	ṭamʾan	طمأن
silêncio (o ~ é de ouro)	sokūt (m)	سكوت
ficar em silêncio	seket	سكت
sussurrar (vt)	hamas	همس
sussurro (m)	hamsa (f)	همسة
francamente	beṣarāḥa	بصراحة
a meu ver ...	fi raʾyi ...	في رأيي ...
detalhe (~ da história)	tafṣīl (m)	تفصيل
detalhado	mofaṣṣal	مفصّل
detalhadamente	bel tafṣīl	بالتفصيل
dica (f)	talmīḥ (m)	تلميح
dar uma dica	edda lamḥa	أدى لمحة
olhar (m)	naẓra (f)	نظرة
dar uma vista de olhos	alqa nazra	ألقى نظرة
fixo (olhar ~)	sābet	ثابت
piscar (vi)	ramaʃ	رمش
pestanejar (vt)	ɣamaz	غمز
acenar (com a cabeça)	haz rāso	هزّ رأسه
suspiro (m)	tanhīda (f)	تنهيدة
suspirar (vi)	tanahhad	تنهّد
estremecer (vi)	ertaʿaʃ	ارتعش
gesto (m)	eʃāret yad (f)	إشارة يد
tocar (com as mãos)	lamas	لمس
agarrar (~ pelo braço)	mesek	مسك
bater de leve	ḥazz	حزّ
Cuidado!	xally bālak!	!خللي بالك
A sério?	feʿlan	فعلاً؟
Tem certeza?	enta motaʾakked?	أنت متأكّد؟
Boa sorte!	bel tawfīʾ!	!بالتوفيق
Compreendi!	wāḍeḥ!	!واضح
Que pena!	ya xesāra!	!يا خسارة

65. Acordo. Recusa

consentimento (~ mútuo)	mowafʾa (f)	موافقة
consentir (vi)	wāfeʾ	وافق
aprovação (f)	ʾobūl (m)	قبول
aprovar (vt)	ʾabal	قبل
recusa (f)	rafḍ (m)	رفض

negar-se (vt)	rafaḍ	رفض
Está ótimo!	ʿazīm!	!عظيم
Muito bem!	tamām!	!تمام
Está bem! De acordo!	ettafa'na!	!إتّفقنا
proibido	mamnūʿ	ممنوع
é proibido	mamnūʿ	ممنوع
é impossível	mostaḥīl	مستحيل
incorreto	ɣeleṭ	غلط
rejeitar (~ um pedido)	rafaḍ	رفض
apoiar (vt)	ayed	أيّد
aceitar (desculpas, etc.)	'abal	قبل
confirmar (vt)	akkad	أكّد
confirmação (f)	ta'kīd (m)	تأكيد
permissão (f)	samāḥ (m)	سماح
permitir (vt)	samaḥ	سمح
decisão (f)	qarār (m)	قرار
não dizer nada	ṣamt	صمت
condição (com uma ~)	ʃarṭ (m)	شرط
pretexto (m)	ʿozr (m)	عذر
elogio (m)	madḥ (m)	مدح
elogiar (vt)	madaḥ	مدح

66. Sucesso. Boa sorte. Insucesso

êxito, sucesso (m)	nagāḥ (m)	نجاح
com êxito	be nagāḥ	بنجاح
bem sucedido	nāgeḥ	ناجح
sorte (fortuna)	ḥazz (m)	حظّ
Boa sorte!	bel tawfī'!	!بالتوفيق
de sorte	maḥẓūẓ	محظوظ
sortudo, felizardo	maḥẓūẓ	محظوظ
fracasso (m)	faʃal (m)	فشل
pouca sorte (f)	sū' el ḥazz (m)	سوء الحظّ
azar (m), má sorte (f)	sū' el ḥazz (m)	سوء الحظّ
mal sucedido	ɣayr nāgeḥ	غير ناجح
catástrofe (f)	karsa (f)	كارثة
orgulho (m)	faχr (m)	فخر
orgulhoso	faχūr	فخور
estar orgulhoso	eftaχar	إفتخر
vencedor (m)	fā'ez (m)	فائز
vencer (vi)	fāz	فاز
perder (vt)	χeser	خسر
tentativa (f)	moḥawla (f)	محاولة
tentar (vt)	ḥāwel	حاول
chance (m)	forṣa (f)	فرصة

67. Conflitos. Emoções negativas

grito (m)	ṣarχa (f)	صرخة
gritar (vi)	ṣarraχ	صرّخ
começar a gritar	ṣarraχ	صرّخ
discussão (f)	χenā'a (f)	خناقة
discutir (vt)	etχāne'	إتخانق
escândalo (m)	χenā'a (f)	خناقة
criar escândalo	taʃāgar	تشاجر
conflito (m)	χelāf (m)	خلاف
mal-entendido (m)	sū' tafāhom (m)	سوء تفاهم
insulto (m)	ehāna (f)	إهانة
insultar (vt)	ahān	أهان
insultado	mohān	مهان
ofensa (f)	esteyā' (m)	إستياء
ofender (vt)	ahān	أهان
ofender-se (vr)	estā'	إستاء
indignação (f)	saχṭ (m)	سخط
indignar-se (vr)	estā'	إستاء
queixa (f)	ʃakwa (f)	شكوَى
queixar-se (vr)	ʃaka	شكا
desculpa (f)	e'tezār (m)	إعتذار
desculpar-se (vr)	e'tazar	إعتذر
pedir perdão	e'tazar	إعتذر
crítica (f)	naqd (m)	نقد
criticar (vt)	naqad	نقد
acusação (f)	ettehām (m)	إتّهام
acusar (vt)	ettaham	إتّهم
vingança (f)	enteqām (m)	إنتقام
vingar (vt)	entaqam	إنتقم
vingar-se (vr)	radd	ردّ
desprezo (m)	ezderā' (m)	إزدراء
desprezar (vt)	eḥtaqar	إحتقر
ódio (m)	korh (f)	كره
odiar (vt)	kereh	كره
nervoso	'aṣaby	عصبي
estar nervoso	etwattar	إتوّتر
zangado	ɣaḍbān	غضبان
zangar (vt)	narfez	نرفز
humilhação (f)	ezlāl (m)	إذلال
humilhar (vt)	zallel	ذلّل
humilhar-se (vr)	tazallal	تذلّل
choque (m)	ṣadma (f)	صدمة
chocar (vt)	ṣadam	صدم
aborrecimento (m)	moʃkela (f)	مشكلة

desagradável	karīh	كريه
medo (m)	χofe (m)	خوف
terrível (tempestade, etc.)	ʃedīd	شديد
assustador (ex. história ~a)	moχīf	مخيف
horror (m)	roʿb (m)	رعب
horrível (crime, etc.)	baʃeʿ	بشع
começar a tremer	ertaʿaʃ	إرتعش
chorar (vi)	baka	بكى
começar a chorar	badaʾ yebky	بدأ يبكي
lágrima (f)	damaʿa (f)	دمعة
falta (f)	ɣalṭa (f)	غلطة
culpa (f)	zanb (m)	ذنب
desonra (f)	ʿār (m)	عار
protesto (m)	eḥtegāg (m)	إحتجاج
stresse (m)	tawattor (m)	توتّر
perturbar (vt)	azʿag	أزعج
zangar-se com ...	ɣeḍeb	غضب
zangado	ɣaḍbān	غضبان
terminar (vt)	anha	أنهى
praguejar	ʃatam	شتم
assustar-se	χāf	خاف
golpear (vt)	ḍarab	ضرب
brigar (na rua, etc.)	χāneʾ	خانق
resolver (o conflito)	sawwa	سوّى
descontente	meʃ rāḍy	مش راضي
furioso	ɣaḍbān	غضبان
Não está bem!	keda meʃ kwayes!	!كده مش كويّس
É mau!	keda weḥeʃ!	!كده وحش

Medicina

68. Doenças

doença (f)	marad (m)	مرض
estar doente	mered	مرض
saúde (f)	ṣeḥḥa (f)	صحّة
nariz (m) a escorrer	raʃ-ḥ fel anf (m)	رشح في الأنف
amigdalite (f)	eltehāb el lawzateyn (m)	إلتهاب اللوزتين
constipação (f)	zokām (m)	زكام
constipar-se (vr)	gālo bard	جاله برد
bronquite (f)	eltehāb ʃoʿaby (m)	إلتهاب شعبي
pneumonia (f)	eltehāb raʾawy (m)	إلتهاب رئوي
gripe (f)	influenza (f)	إنفلونزا
míope	ʾaṣīr el naẓar	قصير النظر
presbita	beʿīd el naẓar	بعيد النظر
estrabismo (m)	ḥawal (m)	حوَل
estrábico	aḥwal	أحوَل
catarata (f)	katarakt (f)	كاتاراكت
glaucoma (m)	glawkoma (f)	جلوكوما
AVC (m), apoplexia (f)	sakta (f)	سكتة
ataque (m) cardíaco	azma ʾalbiya (f)	أزمة قلبية
enfarte (m) do miocárdio	nawba ʾalbiya (f)	نوبة قلبية
paralisia (f)	ʃalal (m)	شلل
paralisar (vt)	ʃall	شلّ
alergia (f)	ḥasasiya (f)	حساسيّة
asma (f)	rabw (m)	ربو
diabetes (f)	dāʾ el sokkary (m)	داء السكّري
dor (f) de dentes	alam asnān (m)	ألم الأسنان
cárie (f)	naχr el asnān (m)	نخر الأسنان
diarreia (f)	es-hāl (m)	إسهال
prisão (f) de ventre	emsāk (m)	إمساك
desarranjo (m) intestinal	edṭrāb el meʿda (m)	إضطراب المعدة
intoxicação (f) alimentar	tasammom (m)	تسمّم
intoxicar-se	etsammem	إتسمّم
artrite (f)	eltehāb el mafāṣel (m)	إلتهاب المفاصل
raquitismo (m)	kosāḥ el aṭfāl (m)	كساح الأطفال
reumatismo (m)	rheumatism (m)	روماتزم
arteriosclerose (f)	taṣṣallob el ʃarayīn (m)	تصلّب الشرايين
gastrite (f)	eltehāb el meʿda (m)	إلتهاب المعدة
apendicite (f)	eltehāb el zayda el dūdiya (m)	إلتهاب الزائدة الدودية

colecistite (f)	eltehāb el marāra (m)	إلتهاب المرارة
úlcera (f)	qorḥa (f)	قرحة
sarampo (m)	maraḍ el ḥaṣba (m)	مرض الحصبة
rubéola (f)	el ḥaṣba el almaniya (f)	الحصبة الألمانية
iterícia (f)	yaraqān (m)	يرقان
hepatite (f)	eltehāb el kabed el vayrūsy (m)	إلتهاب الكبد الفيروسي
esquizofrenia (f)	fuṣām (m)	فصام
raiva (f)	dāʾ el kalb (m)	داء الكلب
neurose (f)	eḍṭrāb ʿaṣaby (m)	إضطراب عصبي
comoção (f) cerebral	ertegāg el moχ (m)	إرتجاج المخ
cancro (m)	saraṭān (m)	سرطان
esclerose (f)	taṣṣallob (m)	تصلّب
esclerose (f) múltipla	taṣṣallob motaʿadded (m)	تصلّب متعدّد
alcoolismo (m)	edmān el χamr (m)	إدمان الخمر
alcoólico (m)	modmen el χamr (m)	مدمن الخمر
sífilis (f)	syfilis el zehry (m)	سفلس الزهري
SIDA (f)	el eydz (m)	الايدز
tumor (m)	waram (m)	ورم
maligno	χabīs	خبيث
benigno	ḥamīd (m)	حميد
febre (f)	ḥomma (f)	حمّى
malária (f)	malaria (f)	ملاريا
gangrena (f)	ɣanɣarīna (f)	غنغرينا
enjoo (m)	dawār el baḥr (m)	دوار البحر
epilepsia (f)	maraḍ el ṣaraʿ (m)	مرض الصرع
epidemia (f)	wabāʾ (m)	وباء
tifo (m)	tyfus (m)	تيفوس
tuberculose (f)	maraḍ el soll (m)	مرض السلّ
cólera (f)	kōlīra (f)	كوليرا
peste (f)	ṭaʿūn (m)	طاعون

69. Sintomas. Tratamentos. Parte 1

sintoma (m)	ʿaraḍ (m)	عرض
temperatura (f)	ḥarāra (f)	حرارة
febre (f)	ḥomma (f)	حمّى
pulso (m)	nabḍ (m)	نبض
vertigem (f)	dawχa (f)	دوخة
quente (testa, etc.)	soχn	سخن
calafrio (m)	raʿʃa (f)	رعشة
pálido	aṣfar	أصفر
tosse (f)	koḥḥa (f)	كحّة
tossir (vi)	kaḥḥ	كحّ
espirrar (vi)	ʿaṭas	عطس

desmaio (m)	dawχa (f)	دوخة
desmaiar (vi)	oɣma ʿaleyh	أغمي عليه
nódoa (f) negra	kadma (f)	كدمة
galo (m)	tawarrom (m)	تورّم
magoar-se (vr)	etχabaṭ	إتخبط
pisadura (f)	raḍḍa (f)	رضّة
aleijar-se (vr)	etkadam	إتكدم
coxear (vi)	ʿarag	عرج
deslocação (f)	χalʿ (m)	خلع
deslocar (vt)	χalaʿ	خلع
fratura (f)	kasr (m)	كسر
fraturar (vt)	enkasar	إنكسر
corte (m)	garḥ (m)	جرح
cortar-se (vr)	garaḥ nafsoh	جرح نفسه
hemorragia (f)	nazīf (m)	نزيف
queimadura (f)	ḥarʾ (m)	حرق
queimar-se (vr)	et-ḥaraʾ	إتحرق
picar (vt)	waχaz	وخز
picar-se (vr)	waχaz nafso	وخز نفسه
lesionar (vt)	aṣāb	أصاب
lesão (m)	eṣāba (f)	إصابة
ferida (f), ferimento (m)	garḥ (m)	جرح
trauma (m)	ṣadma (f)	صدمة
delirar (vi)	haza	هذى
gaguejar (vi)	talaʿsam	تلعثم
insolação (f)	ḍarabet ʃams (f)	ضربة شمس

70. Sintomas. Tratamentos. Parte 2

dor (f)	alam (m)	ألم
farpa (no dedo)	ʃazya (f)	شظية
suor (m)	ʿerʾ (m)	عرق
suar (vi)	ʿereʾ	عرق
vómito (m)	targeeʿ (m)	ترجيع
convulsões (f pl)	taʃonnogāt (pl)	تشنّجات
grávida	ḥāmel	حامل
nascer (vi)	etwalad	اتولّد
parto (m)	welāda (f)	ولادة
dar à luz	walad	ولد
aborto (m)	eg-hāḍ (m)	إجهاض
respiração (f)	tanaffos (m)	تنفّس
inspiração (f)	estenʃāq (m)	إستنشاق
expiração (f)	zafīr (m)	زفير
expirar (vi)	zafar	زفر
inspirar (vi)	estanʃaq	إستنشق

inválido (m)	mo'āq (m)	معاق
aleijado (m)	moq'ad (m)	مقعد
toxicodependente (m)	modmen moχaddarāt (m)	مدمن مخدّرات
surdo	aṭraʃ	أطرش
mudo	aχras	أخرس
surdo-mudo	aṭraʃ aχras	أطرش أخرس
louco (adj.)	magnūn	مجنون
louco (m)	magnūn (m)	مجنون
louca (f)	magnūna (f)	مجنونة
ficar louco	etgannen	اتجنّن
gene (m)	ʒīn (m)	جين
imunidade (f)	manā'a (f)	مناعة
hereditário	werāsy	وراثي
congénito	χolqy men el welāda	خلقي من الولادة
vírus (m)	virūs (m)	فيروس
micróbio (m)	mikrūb (m)	ميكروب
bactéria (f)	garsūma (f)	جرثومة
infeção (f)	'adwa (f)	عدوى

71. Sintomas. Tratamentos. Parte 3

hospital (m)	mostaʃfa (m)	مستشفى
paciente (m)	marīḍ (m)	مريض
diagnóstico (m)	taʃχīṣ (m)	تشخيص
cura (f)	ʃefā' (m)	شفاء
tratamento (m) médico	'elāg ṭebby (m)	علاج طبي
curar-se (vr)	et'āleg	اتعالج
tratar (vt)	'ālag	عالج
cuidar (pessoa)	marraḍ	مرّض
cuidados (m pl)	'enāya (f)	عناية
operação (f)	'amaliya grāḥiya (f)	عمليّة جراحية
enfaixar (vt)	ḍammad	ضمّد
enfaixamento (m)	taḍmīd (m)	تضميد
vacinação (f)	talqīḥ (m)	تلقيح
vacinar (vt)	laqqaḥ	لقّح
injeção (f)	ḥo'na (f)	حقنة
dar uma injeção	ḥa'an ebra	حقن إبرة
ataque (~ de asma, etc.)	nawba (f)	نوبة
amputação (f)	batr (m)	بتر
amputar (vt)	batr	بتر
coma (f)	ɣaybūba (f)	غيبوبة
estar em coma	kān fi ḥālet ɣaybūba	كان في حالة غيبوبة
reanimação (f)	el 'enāya el morakkaza (f)	العناية المركّزة
recuperar-se (vr)	ʃefy	شفي
estado (~ de saúde)	ḥāla (f)	حالة

consciência (f)	wa'y (m)	وعي
memória (f)	zākera (f)	ذاكرة
tirar (vt)	χala'	خلع
chumbo (m), obturação (f)	ḥaʃww (m)	حشو
chumbar, obturar (vt)	ḥaʃa	حشا
hipnose (f)	el tanwīm el meɣnaṭīsy (m)	التنويم المغناطيسي
hipnotizar (vt)	nawwem	نوّم

72. Médicos

médico (m)	doktore (m)	دكتور
enfermeira (f)	momarreḍa (f)	ممرّضة
médico (m) pessoal	doktore ʃaχṣy (m)	دكتور شخصي
dentista (m)	doktore asnān (m)	دكتور أسنان
oculista (m)	doktore el 'oyūn (m)	دكتور العيون
terapeuta (m)	ṭabīb baṭna (m)	طبيب باطنة
cirurgião (m)	garrāḥ (m)	جرّاح
psiquiatra (m)	doktore nafsāny (m)	دكتور نفساني
pediatra (m)	doktore aṭfāl (m)	دكتور أطفال
psicólogo (m)	aχeṣā'y 'elm el nafs (m)	أخصائي علم النفس
ginecologista (m)	doktore nesa (m)	دكتور نسا
cardiologista (m)	doktore 'alb (m)	دكتور قلب

73. Medicina. Drogas. Acessórios

medicamento (m)	dawā' (m)	دواء
remédio (m)	'elāg (m)	علاج
receitar (vt)	waṣaf	وصف
receita (f)	waṣfa (f)	وصفة
comprimido (m)	'orṣ (m)	قرص
pomada (f)	marham (m)	مرهم
ampola (f)	ambūla (f)	أمبولة
preparado (m)	dawā' ʃorb (m)	دواء شراب
xarope (m)	ʃarāb (m)	شراب
cápsula (f)	ḥabba (f)	حبّة
remédio (m) em pó	zorūr (m)	ذرور
ligadura (f)	ḍammāda ʃāʃ (f)	ضمادة شاش
algodão (m)	'oṭn (m)	قطن
iodo (m)	yūd (m)	يود
penso (m) rápido	blaster (m)	بلاستر
conta-gotas (m)	'aṭṭāra (f)	قطّارة
termómetro (m)	termometr (m)	ترمومتر
seringa (f)	serennga (f)	سرنّجة
cadeira (f) de rodas	korsy motaḥarrek (m)	كرسي متحرك
muletas (f pl)	'okkāz (m)	عكّاز

analgésico (m)	mosakken (m)	مسكّن
laxante (m)	molayen (m)	مليّن
álcool (m) etílico	etanol (m)	إيثانول
ervas (f pl) medicinais	aʿʃāb ṭebbiya (pl)	أعشاب طبّية
de ervas (chá ~)	ʿoʃby	عشبي

74. Fumar. Produtos tabágicos

tabaco (m)	tabɣ (m)	تبغ
cigarro (m)	segāra (f)	سيجارة
charuto (m)	segār (m)	سيجار
cachimbo (m)	ɣelyone (m)	غليون
maço (~ de cigarros)	ʿelba (f)	علبة
fósforos (m pl)	kebrīt (m)	كبريت
caixa (f) de fósforos	ʿelbet kebrīt (f)	علبة كبريت
isqueiro (m)	wallāʿa (f)	ولّاعة
cinzeiro (m)	ṭaʾṭūʾa (f)	طقطوقة
cigarreira (f)	ʿelbet sagāyer (f)	علبة سجائر
boquilha (f)	ḥamelet segāra (f)	حاملة سيجارة
filtro (m)	filter (m)	فلتر
fumar (vi, vt)	dakχen	دخّن
acender um cigarro	wallaʿ segāra	ولّع سيجارة
tabagismo (m)	tadχīn (m)	تدخين
fumador (m)	modakχen (m)	مدخّن
beata (f)	ʿaqab segāra (m)	عقب سيجارة
fumo (m)	dokχān (m)	دخّان
cinza (f)	ramād (m)	رماد

HABITAT HUMANO

Cidade

75. Cidade. Vida na cidade

cidade (f)	madīna (f)	مدينة
capital (f)	ʿāṣema (f)	عاصمة
aldeia (f)	qarya (f)	قرية
mapa (m) da cidade	χarīṭet el madinah (f)	خريطة المدينة
centro (m) da cidade	wesṭ el balad (m)	وسط البلد
subúrbio (m)	ḍāḥeya (f)	ضاحية
suburbano	el ḍawāḥy	الضواحي
periferia (f)	aṭrāf el madīna (pl)	أطراف المدينة
arredores (m pl)	ḍawāḥy el madīna (pl)	ضواحي المدينة
quarteirão (m)	ḥayī (m)	حي
quarteirão (m) residencial	ḥayī sakany (m)	حي سكني
tráfego (m)	ḥaraket el morūr (f)	حركة المرور
semáforo (m)	eʃārāt el morūr (pl)	إشارات المرور
transporte (m) público	wasāʾel el naʾl (pl)	وسائل النقل
cruzamento (m)	taqāṭoʿ (m)	تقاطع
passadeira (f)	maʿbar (m)	معبر
passagem (f) subterrânea	nafaʾ moʃāh (m)	نفق مشاه
cruzar, atravessar (vt)	ʿabar	عبر
peão (m)	māʃy (m)	ماشي
passeio (m)	raṣīf (m)	رصيف
ponte (f)	kobry (m)	كبري
margem (f) do rio	korneyʃ (m)	كورنيش
fonte (f)	nafūra (f)	نافورة
alameda (f)	mamʃa (m)	ممشى
parque (m)	ḥadīqa (f)	حديقة
bulevar (m)	bolvār (m)	بولفار
praça (f)	medān (m)	ميدان
avenida (f)	ʃāreʿ (m)	شارع
rua (f)	ʃāreʿ (m)	شارع
travessa (f)	zoʾāʾ (m)	زقاق
beco (m) sem saída	ṭarīʾ masdūd (m)	طريق مسدود
casa (f)	beyt (m)	بيت
edifício, prédio (m)	mabna (m)	مبنى
arranha-céus (m)	nāṭeḥet sahāb (f)	ناطحة سحاب
fachada (f)	waɣa (f)	واجهة
telhado (m)	saʾf (m)	سقف

janela (f)	ʃebbāk (m)	شبّاك
arco (m)	qose (m)	قوس
coluna (f)	ʿamūd (m)	عمود
esquina (f)	zawya (f)	زاوية
montra (f)	vatrīna (f)	فترينة
letreiro (m)	yafṭa, lāfeta (f)	لافتة, يافطة
cartaz (m)	boster (m)	بوستر
cartaz (m) publicitário	boster eʿlān (m)	بوستر إعلان
painel (m) publicitário	lawḥet eʿlanāt (f)	لوحة إعلانات
lixo (m)	zebāla (f)	زبالة
cesta (f) do lixo	ṣandūʾ zebāla (m)	صندوق زبالة
jogar lixo na rua	rama zebāla	رمى زبالة
aterro (m) sanitário	mazbala (f)	مزبلة
cabine (f) telefónica	koʃk telefōn (m)	كشك تليفون
candeeiro (m) de rua	ʿamūd nūr (m)	عمود نور
banco (m)	korsy (m)	كرسي
polícia (m)	ʃorṭy (m)	شرطي
polícia (instituição)	ʃorṭa (f)	شرطة
mendigo (m)	ʃaḥḥāt (m)	شحّات
sem-abrigo (m)	motaʃarred (m)	متشرّد

76. Instituições urbanas

loja (f)	maḥal (m)	محل
farmácia (f)	ṣaydaliya (f)	صيدليّة
ótica (f)	maḥal naḍḍārāt (m)	محل نضّارات
centro (m) comercial	mole (m)	مول
supermercado (m)	subermarket (m)	سوبرماركت
padaria (f)	maχbaz (m)	مخبز
padeiro (m)	χabbāz (m)	خبّاز
pastelaria (f)	ḥalawāny (m)	حلواني
mercearia (f)	baʾʾāla (f)	بقّالة
talho (m)	gezāra (f)	جزارة
loja (f) de legumes	dokkān χoḍār (m)	دكّان خضار
mercado (m)	sūʾ (f)	سوق
café (m)	ʾahwa (f), kaféih (m)	قهوة, كافيه
restaurante (m)	maṭʿam (m)	مطعم
bar (m), cervejaria (f)	bār (m)	بار
pizzaria (f)	maḥal pizza (m)	محل بيتزا
salão (m) de cabeleireiro	ṣalone ḥelāʾa (m)	صالون حلاقة
correios (m pl)	maktab el barīd (m)	مكتب البريد
lavandaria (f)	dray klīn (m)	دراي كلين
estúdio (m) fotográfico	estudio taṣwīr (m)	إستوديو تصوير
sapataria (f)	maḥal gezam (m)	محل جزم
livraria (f)	maḥal kotob (m)	محل كتب

loja (f) de artigos de desporto	maḥal mostalzamāt reyaḍiya (m)	محل مستلزمات رياضية
reparação (f) de roupa	maḥal χeyāṭet malābes (m)	محل خياطة ملابس
aluguer (m) de roupa	ta'gīr malābes rasmiya (m)	تأجير ملابس رسمية
aluguer (m) de filmes	maḥal ta'gīr video (m)	محل تأجير فيديو
circo (m)	serk (m)	سيرك
jardim (m) zoológico	ḥadīqet el ḥayawān (f)	حديقة حيوان
cinema (m)	sinema (f)	سينما
museu (m)	mat-ḥaf (m)	متحف
biblioteca (f)	maktaba (f)	مكتبة
teatro (m)	masraḥ (m)	مسرح
ópera (f)	obra (f)	أوبرا
clube (m) noturno	malha leyly (m)	ملهى ليّلي
casino (m)	kazino (m)	كازينو
mesquita (f)	masged (m)	مسجد
sinagoga (f)	kenīs (m)	كنيس
catedral (f)	katedra'iya (f)	كاتدرائية
templo (m)	ma'bad (m)	معبد
igreja (f)	kenīsa (f)	كنيسة
instituto (m)	kolliya (m)	كليّة
universidade (f)	gam'a (f)	جامعة
escola (f)	madrasa (f)	مدرسة
prefeitura (f)	moqaṭ'a (f)	مقاطعة
câmara (f) municipal	baladiya (f)	بلديّة
hotel (m)	fondo' (m)	فندق
banco (m)	bank (m)	بنك
embaixada (f)	safāra (f)	سفارة
agência (f) de viagens	ʃerket seyāḥa (f)	شركة سياحة
agência (f) de informações	maktab el este'lāmāt (m)	مكتب الإستعلامات
casa (f) de câmbio	ṣarrāfa (f)	صرّافة
metro (m)	metro (m)	مترو
hospital (m)	mostaʃfa (m)	مستشفى
posto (m) de gasolina	maḥaṭṭet banzīn (f)	محطّة بنزين
parque (m) de estacionamento	maw'ef el 'arabeyāt (m)	موقف العربيات

77. Transportes urbanos

autocarro (m)	buṣ (m)	باص
elétrico (m)	trām (m)	ترام
troleicarro (m)	trolly buṣ (m)	ترولي باص
itinerário (m)	χaṭṭ (m)	خطّ
número (m)	raqam (m)	رقم
ir de … (carro, etc.)	rāḥ be …	راح بـ ...
entrar (~ no autocarro)	rekeb	ركب
descer de …	nezel men	نزل من

paragem (f)	maw'af (m)	موّقف
próxima paragem (f)	el maḥaṭṭa el gaya (f)	المحطة الجايّة
ponto (m) final	'āχer maw'af (m)	آخر موقف
horário (m)	gadwal (m)	جدوّل
esperar (vt)	estanna	إستنّى
bilhete (m)	tazkara (f)	تذكرة
custo (m) do bilhete	ogra (f)	أجرة
bilheteiro (m)	kaʃier (m)	كاشيير
controlo (m) dos bilhetes	taftīʃ el tazāker (m)	تفتيش التذاكر
revisor (m)	mofatteʃ tazāker (m)	مفتّش تذاكر
atrasar-se (vr)	met'akχer	متأخّر
perder (o autocarro, etc.)	ta'akχar	تأخّر
estar com pressa	mesta'gel	مستعجل
táxi (m)	taksi (m)	تاكسي
taxista (m)	sawwā' taksi (m)	سوّاق تاكسي
de táxi (ir ~)	bel taksi	بالتاكسي
praça (f) de táxis	maw'ef taksi (m)	موّقف تاكسي
chamar um táxi	kallem taksi	كلّم تاكسي
apanhar um táxi	aχad taksi	أخد تاكسي
tráfego (m)	ḥaraket el morūr (f)	حركة المرور
engarrafamento (m)	zaḥmet el morūr (f)	زحمة المرور
horas (f pl) de ponta	sā'et el zorwa (f)	ساعة الذروة
estacionar (vi)	rakan	ركن
estacionar (vt)	rakan	ركن
parque (m) de estacionamento	maw'ef el 'arabeyāt (m)	موقف العربيات
metro (m)	metro (m)	مترو
estação (f)	maḥaṭṭa (f)	محطّة
ir de metro	aχad el metro	أخد المترو
comboio (m)	qeṭār, 'aṭṭr (m)	قطار
estação (f)	maḥaṭṭet qeṭār (f)	محطّة قطار

78. Turismo

monumento (m)	temsāl (m)	تمثال
fortaleza (f)	'al'a (f)	قلعة
palácio (m)	'aṣr (m)	قصر
castelo (m)	'al'a (f)	قلعة
torre (f)	borg (m)	برج
mausoléu (m)	ḍarīḥ (m)	ضريح
arquitetura (f)	handasa me'māriya (f)	هندسة معمارية
medieval	men el qorūn el wosṭa	من القرون الوسطى
antigo	'atīq	عتيق
nacional	waṭany	وطني
conhecido	maʃ-hūr	مشهور
turista (m)	sā'eḥ (m)	سائح
guia (pessoa)	morʃed (m)	مرشد

excursão (f)	gawla (f)	جولة
mostrar (vt)	warra	ورّى
contar (vt)	ʾāl	قال
encontrar (vt)	laʾa	لقى
perder-se (vr)	ḍāʿ	ضاع
mapa (~ do metrô)	χarīṭa (f)	خريطة
mapa (~ da cidade)	χarīṭa (f)	خريطة
lembrança (f), presente (m)	tezkār (m)	تذكار
loja (f) de presentes	maḥal hadāya (m)	محل هدايا
fotografar (vt)	ṣawwar	صوّر
fotografar-se	etṣawwar	إتصوّر

79. Compras

comprar (vt)	eʃtara	إشترى
compra (f)	ḥāga (f)	حاجة
fazer compras	eʃtara	إشترى
compras (f pl)	ʃobbing (m)	شوبينج
estar aberta (loja, etc.)	maftūḥ	مفتوح
estar fechada	moɣlaq	مغلق
calçado (m)	gezam (pl)	جزم
roupa (f)	malābes (pl)	ملابس
cosméticos (m pl)	mawād tagmīl (pl)	مواد تجميل
alimentos (m pl)	akl (m)	أكل
presente (m)	hediya (f)	هديّة
vendedor (m)	bayāʿ (m)	بيّاع
vendedora (f)	bayāʿa (f)	بيّاعة
caixa (f)	ṣandūʾ el dafʿ (m)	صندوق الدفع
espelho (m)	merāya (f)	مراية
balcão (m)	manḍada (f)	منضدة
cabine (f) de provas	ɣorfet el ʾeyās (f)	غرفة القياس
provar (vt)	garrab	جرّب
servir (vi)	nāseb	ناسب
gostar (apreciar)	ʿagab	عجب
preço (m)	seʿr (m)	سعر
etiqueta (f) de preço	tiket el seʿr (m)	تيكت السعر
custar (vt)	kallef	كلّف
Quanto?	bekām?	بكام؟
desconto (m)	χaṣm (m)	خصم
não caro	meʃ ɣāly	مش غالي
barato	reχīṣ	رخيص
caro	ɣāly	غالي
É caro	da ɣāly	ده غالي
aluguer (m)	esteʾgār (m)	إستئجار
alugar (vestidos, etc.)	estʾgar	إستأجر

crédito (m)	e'temān (m)	إئتمان
a crédito	bel ta'seeṭ	بالتقسيط

80. Dinheiro

dinheiro (m)	folūs (pl)	فلوس
câmbio (m)	taḥwīl 'omla (m)	تحويل عملة
taxa (f) de câmbio	se'r el ṣarf (m)	سعر الصرف
Caixa Multibanco (m)	makinet ṣarrāf 'āly (f)	ماكينة صرّاف آلي
moeda (f)	'erʃ (m)	قرش
dólar (m)	dolār (m)	دولار
euro (m)	yoro (m)	يورو
lira (f)	lira (f)	ليرة
marco (m)	el mark el almāny (m)	المارك الألماني
franco (m)	frank (m)	فرنك
libra (f) esterlina	geneyh esterlīny (m)	جنيه استرليني
iene (m)	yen (m)	ين
dívida (f)	deyn (m)	دين
devedor (m)	modīn (m)	مدين
emprestar (vt)	sallef	سلّف
pedir emprestado	estalaf	إستلف
banco (m)	bank (m)	بنك
conta (f)	ḥesāb (m)	حساب
depositar (vt)	awda'	أودع
depositar na conta	awda' fel ḥesāb	أودع في الحساب
levantar (vt)	saḥab men el ḥesāb	سحب من الحساب
cartão (m) de crédito	kredit kard (f)	كريدت كارد
dinheiro (m) vivo	kæʃ (m)	كاش
cheque (m)	ʃīk (m)	شيك
passar um cheque	katab ʃīk	كتب شيك
livro (m) de cheques	daftar ʃikāt (m)	دفتر شيكات
carteira (f)	maḥfaẓa (f)	محفظة
porta-moedas (m)	maḥfazet fakka (f)	محفظة فكّة
cofre (m)	χazzāna (f)	خزّانة
herdeiro (m)	wāres (m)	وارث
herança (f)	werāsa (f)	وراثة
fortuna (riqueza)	sarwa (f)	ثروة
arrendamento (m)	'a'd el egār (m)	عقد الإيجار
renda (f) de casa	ogret el sakan (f)	أجرة السكن
alugar (vt)	est'gar	إستأجر
preço (m)	se'r (m)	سعر
custo (m)	taman (m)	ثمن
soma (f)	mablaɣ (m)	مبلغ
gastar (vt)	ṣaraf	صرف
gastos (m pl)	maṣarīf (pl)	مصاريف

economizar (vi)	waffar	وفّر
económico	mowaffer	موفّر
pagar (vt)	dafaʿ	دفع
pagamento (m)	dafʿ (m)	دفع
troco (m)	el bāʾy (m)	الباقي
imposto (m)	ḍarība (f)	ضريبة
multa (f)	ɣarāma (f)	غرامة
multar (vt)	faraḍ ɣarāma	فرض غرامة

81. Correios. Serviço postal

correios (m pl)	maktab el barīd (m)	مكتب البريد
correio (m)	el barīd (m)	البريد
carteiro (m)	sāʿy el barīd (m)	ساعي البريد
horário (m)	awʾāt el ʿamal (pl)	أوقات العمل
carta (f)	resāla (f)	رسالة
carta (f) registada	resāla mosaggala (f)	رسالة مسجّلة
postal (m)	kart barīdy (m)	كرت بريدي
telegrama (m)	barqiya (f)	برقيّة
encomenda (f) postal	ṭard (m)	طرد
remessa (f) de dinheiro	ḥewāla māliya (f)	حوالة مالية
receber (vt)	estalam	إستلم
enviar (vt)	arsal	أرسل
envio (m)	ersāl (m)	إرسال
endereço (m)	ʿenwān (m)	عنوان
código (m) postal	raqam el barīd (m)	رقم البريد
remetente (m)	morsel (m)	مرسل
destinatário (m)	morsel elayh (m)	مرسل إليه
nome (m)	esm (m)	اسم
apelido (m)	esm el ʿaʾela (m)	اسم العائلة
tarifa (f)	taʿrīfa (f)	تعريفة
ordinário	ʿādy	عادي
económico	mowaffer	موفّر
peso (m)	wazn (m)	وزن
pesar (estabelecer o peso)	wazan	وزن
envelope (m)	ẓarf (m)	ظرف
selo (m)	ṭābeʿ (m)	طابع
colar o selo	alṣaq ṭābeʿ	ألصق طابع

Moradia. Casa. Lar

82. Casa. Habitação

casa (f)	beyt (m)	بيت
em casa	fel beyt	في البيت
pátio (m)	sāḥa (f)	ساحة
cerca (f)	sūr (m)	سور
tijolo (m)	ṭūb (m)	طوب
de tijolos	men el ṭūb	من الطوب
pedra (f)	ḥagar (m)	حجر
de pedra	ḥagary	حجري
betão (m)	χarasāna (f)	خرسانة
de betão	χarasāny	خرساني
novo	gedīd	جديد
velho	'adīm	قديم
decrépito	'āayel lel soqūṭ	آيل للسقوط
moderno	mo'āṣer	معاصر
de muitos andares	mota'added el ṭawābeq	متعدّد الطوابق
alto	'āly	عالي
andar (m)	dore (m)	دور
de um andar	zu ṭābeq wāḥed	ذو طابق واحد
andar (m) de baixo	el dore el awwal (m)	الدور الأوّل
andar (m) de cima	ṭābe' 'olwy (m)	طابق علوي
telhado (m)	sa'f (m)	سقف
chaminé (f)	madχana (f)	مدخنة
telha (f)	qarmīd (m)	قرميد
de telha	men el qarmīd	من القرميد
sótão (m)	'elya (f)	علية
janela (f)	ʃebbāk (m)	شبّاك
vidro (m)	ezāz (m)	إزاز
parapeito (m)	ḥāfet el ʃebbāk (f)	حافة الشبّاك
portadas (f pl)	ʃīʃ (m)	شيش
parede (f)	ḥeyṭa (f)	حيطة
varanda (f)	balakona (f)	بلكونة
tubo (m) de queda	masūret el taṣrīf (f)	ماسورة التصريف
em cima	fo'e	فوق
subir (~ as escadas)	ṭele'	طلع
descer (vi)	nezel	نزل
mudar-se (vr)	na'al	نقل

83. Casa. Entrada. Elevador

entrada (f)	madχal (m)	مدخل
escada (f)	sellem (m)	سلّم
degraus (m pl)	daragāt (pl)	درجات
corrimão (m)	drabzīn (m)	درابزين
hall (m) de entrada	ṣāla (f)	صالة
caixa (f) de correio	ṣandū' el barīd (m)	صندوق البريد
caixote (m) do lixo	ṣandū' el zebāla (m)	صندوق الزبالة
conduta (f) do lixo	manfaz el zebāla (m)	منفذ الزبالة
elevador (m)	asanseyr (m)	اسانسير
elevador (m) de carga	asanseyr el ʃaḥn (m)	اسانسير الشحن
cabine (f)	kabīna (f)	كابينة
pegar o elevador	rekeb el asanseyr	ركب الاسانسير
apartamento (m)	ʃa''a (f)	شقّة
moradores (m pl)	sokkān (pl)	سكّان
vizinho (m)	gār (m)	جار
vizinha (f)	gāra (f)	جارة
vizinhos (pl)	gerān (pl)	جيران

84. Casa. Portas. Fechaduras

porta (f)	bāb (m)	باب
portão (m)	bawwāba (f)	بوّابة
maçaneta (f)	okret el bāb (f)	اوكرة الباب
destrancar (vt)	fataḥ	فتح
abrir (vt)	fataḥ	فتح
fechar (vt)	'afal	قفل
chave (f)	meftāḥ (m)	مفتاح
molho (m)	rabṭa (f)	ربطة
ranger (vi)	ṣarr	صر
rangido (m)	ṣarīr (m)	صرير
dobradiça (f)	mafaṣṣla (f)	مفصّلة
tapete (m) de entrada	seggādet bāb (f)	سجّادة باب
fechadura (f)	'efl el bāb (m)	قفل الباب
buraco (m) da fechadura	χorm el meftāḥ (m)	خرم المفتاح
ferrolho (m)	terbās (m)	ترباس
fecho (ferrolho pequeno)	terbās (m)	ترباس
cadeado (m)	'efl (m)	قفل
tocar (vt)	rann	رنّ
toque (m)	ranīn (m)	رنين
campainha (f)	garas (m)	جرس
botão (m)	zerr (m)	زر
batida (f)	ṭar', da'' (m)	طرق, دقّ
bater (vi)	χabbaṭ	خبّط
código (m)	kōd (m)	كود
fechadura (f) de código	kōd (m)	كود

telefone (m) de porta	garas el bāb (m)	جرس الباب
número (m)	raqam (m)	رقم
placa (f) de porta	lawḥa (f)	لوحة
vigia (f), olho (m) mágico	el ʿeyn el seḥriya (m)	العين السحرية

85. Casa de campo

aldeia (f)	qarya (f)	قرية
horta (f)	bostān χoḍār (m)	بستان خضار
cerca (f)	sūr (m)	سور
paliçada (f)	sūr (m)	سور
cancela (f) do jardim	bawwāba farʿiya (f)	بوّابة فرعيّة
celeiro (m)	ʃouna (f)	شونة
adega (f)	serdāb (m)	سرداب
galpão, barracão (m)	saʾīfa (f)	سقيفة
poço (m)	bīr (m)	بير
fogão (m)	forn (m)	فرن
atiçar o fogo	awqad el botogāz	أوقد البوتاجاز
lenha (carvão ou ~)	ḥaṭab (m)	حطب
acha (lenha)	ʾeṭʿet ḥaṭab (f)	قطعة حطب
varanda (f)	varannda (f)	فاراندة
alpendre (m)	ʃorfa (f)	شرفة
degraus (m pl) de entrada	sellem (m)	سلّم
balouço (m)	morgeyḥa (f)	مرجيحة

86. Castelo. Palácio

castelo (m)	ʾalʿa (f)	قلعة
palácio (m)	ʾaṣr (m)	قصر
fortaleza (f)	ʾalʿa (f)	قلعة
muralha (f)	sūr (m)	سور
torre (f)	borg (m)	برج
calabouço (m)	borbg raʾīsy (m)	برج رئيسي
grade (f) levadiça	bāb motaḥarrek (m)	باب متحرّك
passagem (f) subterrânea	serdāb (m)	سرداب
fosso (m)	χondoq māʾy (m)	خندق مائي
corrente, cadeia (f)	selsela (f)	سلسلة
seteira (f)	mozɣal (m)	مزغل
magnífico	rāʾeʿ	رائع
majestoso	mohīb	مهيب
inexpugnável	maneeʿ	منيع
medieval	men el qorūn el wosṭa	من القرون الوسطى

87. Apartamento

apartamento (m)	ʃa''a (f)	شقّة
quarto (m)	oḍa (f)	أوضة
quarto (m) de dormir	oḍet el nome (f)	أوضة النوم
sala (f) de jantar	oḍet el sofra (f)	أوضة السفرة
sala (f) de estar	oḍet el esteqbāl (f)	أوضة الإستقبال
escritório (m)	maktab (m)	مكتب
antessala (f)	madχal (m)	مدخل
quarto (m) de banho	ḥammām (m)	حمّام
toilette (lavabo)	ḥammām (m)	حمّام
teto (m)	sa'f (m)	سقف
chão, soalho (m)	arḍiya (f)	أرضية
canto (m)	zawya (f)	زاوية

88. Apartamento. Limpeza

arrumar, limpar (vt)	naḍḍaf	نظّف
guardar (no armário, etc.)	ʃāl	شال
pó (m)	ɣobār (m)	غبار
empoeirado	meɣabbar	مغبّر
limpar o pó	masaḥ el ɣobār	مسح الغبار
aspirador (m)	maknasa kahraba'iya (f)	مكنسة كهربائيّة
aspirar (vt)	naḍḍaf be maknasa kahrabā'iya	نظّف بمكنسة كهربائيّة
varrer (vt)	kanas	كنس
sujeira (f)	qomāma (f)	قمامة
arrumação (f), ordem (f)	nezām (m)	نظام
desordem (f)	fawḍa (m)	فوضى
esfregão (m)	ʃarʃūba (f)	شرشوبة
pano (m), trapo (m)	mamsaḥa (f)	ممسحة
vassoura (f)	ma'sʃa (f)	مقشّة
pá (f) de lixo	lammāma (f)	لمّامة

89. Mobiliário. Interior

mobiliário (m)	asās (m)	أثاث
mesa (f)	maktab (m)	مكتب
cadeira (f)	korsy (m)	كرسي
cama (f)	serīr (m)	سرير
divã (m)	kanaba (f)	كنبة
cadeirão (m)	korsy (m)	كرسي
estante (f)	χazzānet kotob (f)	خزّانة كتب
prateleira (f)	raff (m)	رفّ
guarda-vestidos (m)	dolāb (m)	دولاب
cabide (m) de parede	ʃammā'a (f)	شمّاعة

cabide (m) de pé	ʃammā'a (f)	شمّاعة
cómoda (f)	dolāb adrāg (m)	دولاب أدراج
mesinha (f) de centro	ṭarabeyzet el 'ahwa (f)	طرابيزة القهوة
espelho (m)	merāya (f)	مراية
tapete (m)	seggāda (f)	سجّادة
tapete (m) pequeno	seggāda (f)	سجّادة
lareira (f)	daffāya (f)	دفّاية
vela (f)	ʃam'a (f)	شمعة
castiçal (m)	ʃam'adān (m)	شمعدان
cortinas (f pl)	satā'er (pl)	ستائر
papel (m) de parede	wara' ḥā'eṭ (m)	ورق حائط
estores (f pl)	satā'er ofoqiya (pl)	ستائر أفقيّة
candeeiro (m) de mesa	abāʒūr (f)	اباجورة
candeeiro (m) de parede	lammbet ḥā'eṭ (f)	لمّبة حائط
candeeiro (m) de pé	meṣbāḥ arḍy (m)	مصباح أرضي
lustre (m)	nagafa (f)	نجفة
pé (de mesa, etc.)	regl (f)	رجل
braço (m)	masnad (m)	مسند
costas (f pl)	masnad (m)	مسند
gaveta (f)	dorg (m)	درج

90. Quarto de dormir

roupa (f) de cama	bayāḍāt el serīr (pl)	بياضات السرير
almofada (f)	maχadda (f)	مخدّة
fronha (f)	kīs el maχadda (m)	كيس المخدّة
cobertor (m)	leḥāf (m)	لحاف
lençol (m)	melāya (f)	ملاية
colcha (f)	ɣaṭā' el serīr (m)	غطاء السرير

91. Cozinha

cozinha (f)	maṭbaχ (m)	مطبخ
gás (m)	ɣāz (m)	غاز
fogão (m) a gás	botoɣāz (m)	بوتوغاز
fogão (m) elétrico	forn kaharabā'y (m)	فرن كهربائي
forno (m)	forn (m)	فرن
forno (m) de micro-ondas	mikroweyv (m)	ميكروويف
frigorífico (m)	tallāga (f)	ثلاجة
congelador (m)	freyzer (m)	فريزر
máquina (f) de lavar louça	ɣassālet aṭbā' (f)	غسّالة أطباق
moedor (m) de carne	farrāmet laḥm (f)	فرّامة لحم
espremedor (m)	'aṣṣāra (f)	عصّارة
torradeira (f)	maḥmaṣet χobz (f)	محمصة خبز
batedeira (f)	χallāṭ (m)	خلّاط

máquina (f) de café	makinet ṣonʿ el ʾahwa (f)	ماكينة صنع القهوة
cafeteira (f)	ɣallāya kahrabaʾiya (f)	غلّاية القهوة
moinho (m) de café	maṭ-ḥanet ʾahwa (f)	مطحنة قهوة
chaleira (f)	ɣallāya (f)	غلّاية
bule (m)	barrād el ʃāy (m)	برّاد الشاي
tampa (f)	ɣaṭāʾ (m)	غطاء
coador (m) de chá	maṣfāh el ʃāy (f)	مصفاة الشاي
colher (f)	maʿlaʾa (f)	معلقة
colher (f) de chá	maʿlaʾet ʃāy (f)	معلقة شاي
colher (f) de sopa	maʿlaʾa kebīra (f)	ملعقة كبيرة
garfo (m)	ʃawka (f)	شوكة
faca (f)	sekkīna (f)	سكّينة
louça (f)	awāny (pl)	أواني
prato (m)	ṭabaʾ (m)	طبق
pires (m)	ṭabaʾ fengān (m)	طبق فنجان
cálice (m)	kāsa (f)	كاسة
copo (m)	kobbāya (f)	كوبّاية
chávena (f)	fengān (m)	فنجان
açucareiro (m)	sokkariya (f)	سكّريّة
saleiro (m)	mamlaḥa (f)	مملحة
pimenteiro (m)	mobhera (f)	مبهرة
manteigueira (f)	ṭabaʾ zebda (m)	طبق زبدة
panela, caçarola (f)	ḥalla (f)	حلّة
frigideira (f)	ṭāsa (f)	طاسة
concha (f)	maɣrafa (f)	مغرفة
passador (m)	maṣfāh (f)	مصفاه
bandeja (f)	ṣeniya (f)	صينيّة
garrafa (f)	ezāza (f)	إزازة
boião (m) de vidro	barṭamān (m)	برطمان
lata (f)	kanz (m)	كانز
abre-garrafas (m)	fattāḥa (f)	فتّاحة
abre-latas (m)	fattāḥa (f)	فتّاحة
saca-rolhas (m)	barrīma (f)	بريّمة
filtro (m)	filter (m)	فلتر
filtrar (vt)	ṣaffa	صفّى
lixo (m)	zebāla (f)	زبالة
balde (m) do lixo	ṣandūʾ el zebāla (m)	صندوق الزبالة

92. Casa de banho

quarto (m) de banho	ḥammām (m)	حمّام
água (f)	meyāh (f)	مياه
torneira (f)	ḥanafiya (f)	حنفيّة
água (f) quente	maya soχna (f)	مايّة سخنة
água (f) fria	maya barda (f)	مايّة باردة

pasta (f) de dentes	ma'gūn asnān (m)	معجون أسنان
escovar os dentes	naḍḍaf el asnān	نظّف الأسنان
escova (f) de dentes	forʃet senān (f)	فرشة أسنان
barbear-se (vr)	ḥala'	حلق
espuma (f) de barbear	raɣwa lel ḥelā'a (f)	رغوة للحلاقة
máquina (f) de barbear	mūs (m)	موس
lavar (vt)	ɣasal	غسل
lavar-se (vr)	estaḥamma	إستحمّى
duche (m)	doʃ (m)	دوش
tomar um duche	aχad doʃ	أخد دوش
banheira (f)	banyo (m)	بانيو
sanita (f)	twalet (m)	تواليت
lavatório (m)	ḥoḍe (m)	حوض
sabonete (m)	ṣabūn (m)	صابون
saboneteira (f)	ṣabbāna (f)	صبّانة
esponja (f)	līfa (f)	ليفة
champô (m)	ʃambū (m)	شامبو
toalha (f)	fūṭa (f)	فوطة
roupão (m) de banho	robe el ḥammām (m)	روب حمّام
lavagem (f)	ɣasīl (m)	غسيل
máquina (f) de lavar	ɣassāla (f)	غسّالة
lavar a roupa	ɣasal el malābes	غسل الملابس
detergente (m)	mas-ḥū' ɣasīl (m)	مسحوق غسيل

93. Eletrodomésticos

televisor (m)	televizion (m)	تليفزيون
gravador (m)	gehāz tasgīl (m)	جهاز تسجيل
videogravador (m)	'āla tasgīl video (f)	آلة تسجيل فيديو
rádio (m)	gehāz radio (m)	جهاز راديو
leitor (m)	blayer (m)	بليير
projetor (m)	gehāz 'arḍ (m)	جهاز عرض
cinema (m) em casa	sinema manzeliya (f)	سينما منزليّة
leitor (m) de DVD	dividī blayer (m)	دي في دي بليير
amplificador (m)	mokabbaer el ṣote (m)	مكبّر الصوت
console (f) de jogos	'ātāry (m)	أتاري
câmara (f) de vídeo	kamera video (f)	كاميرا فيديو
máquina (f) fotográfica	kamera (f)	كاميرا
câmara (f) digital	kamera diʒital (f)	كاميرا ديجيتال
aspirador (m)	maknasa kahraba'iya (f)	مكنسة كهربائيّة
ferro (m) de engomar	makwa (f)	مكواة
tábua (f) de engomar	lawḥet kayī (f)	لوحة كيّ
telefone (m)	telefon (m)	تليفون
telemóvel (m)	mobile (m)	موبايل

máquina (f) de escrever	'āla katba (f)	آلة كاتبة
máquina (f) de costura	makanet el χeyāṭa (f)	مكنة الخياطة
microfone (m)	mikrofon (m)	ميكروفون
auscultadores (m pl)	samma'āt ra'siya (pl)	سمّاعات رأسية
controlo remoto (m)	remowt kontrol (m)	ريموت كنترول
CD (m)	sidī (m)	سي دي
cassete (f)	kasett (m)	كاسيت
disco (m) de vinil	esṭewāna mūsīqa (f)	أسطوانة موسيقى

94. Reparações. Renovação

renovação (f)	tagdīdāt (m)	تجديدات
renovar (vt), fazer obras	gadded	جدّد
reparar (vt)	ṣallaḥ	صلّح
consertar (vt)	nazzam	نظّم
refazer (vt)	'ād	عاد
tinta (f)	dehān (m)	دهان
pintar (vt)	dahhen	دهّن
pintor (m)	dahhān (m)	دهّان
pincel (m)	forʃet dehān (f)	فرشاة الدهان
cal (f)	maḥlūl mobayeḍ (m)	محلول مبيّض
caiar (vt)	beyḍ	بيّض
papel (m) de parede	wara' ḥā'eṭ (m)	ورق حائط
colocar papel de parede	laṣaq wara' el ḥā'eṭ	لصق ورق الحائط
verniz (m)	warnīʃ (m)	ورنيش
envernizar (vt)	ṭala bel warnīʃ	طلى بالورنيش

95. Canalizações

água (f)	meyāh (f)	مياه
água (f) quente	maya soχna (f)	مايّة سخنة
água (f) fria	maya barda (f)	مايّة باردة
torneira (f)	ḥanafiya (f)	حنفيّة
gota (f)	'aṭra (f)	قطرة
gotejar (vi)	'aṭṭar	قطّر
vazar (vt)	sarrab	سرّب
vazamento (m)	tasarrob (m)	تسرب
poça (f)	berka (f)	بركة
tubo (m)	masūra (f)	ماسورة
válvula (f)	ṣamām (m)	صمام
entupir-se (vr)	kān masdūd	كان مسدود
ferramentas (f pl)	adawāt (pl)	أدوات
chave (f) inglesa	el meftāḥ el englīzy (m)	المفتاح الإنجليزي
desenroscar (vt)	fataḥ	فتح

enroscar (vt)	aḥkam el ʃadd	أحكم الشدّ
desentupir (vt)	sallek	سلّك
canalizador (m)	samkary (m)	سمكري
cave (f)	badrome (m)	بدروم
sistema (m) de esgotos	ʃabaket el magāry (f)	شبكة المجاري

96. Fogo. Deflagração

incêndio (m)	ḥarī' (m)	حريق
chama (f)	lahab (m)	لهب
faísca (f)	ʃarāra (f)	شرارة
fumo (m)	dokχān (m)	دخّان
tocha (f)	ʃo'la (f)	شعلة
fogueira (f)	nār moχayem (m)	نار مخيّم
gasolina (f)	banzīn (m)	بنزين
querosene (m)	kerosīn (m)	كيروسين
inflamável	qābel lel eḥterāq	قابل للإحتراق
explosivo	māda motafaggera	مادة متفجّرة
PROIBIDO FUMAR!	mamnū' el tadχīn	ممنوع التدخين
segurança (f)	amn (m)	أمن
perigo (m)	χaṭar (m)	خطر
perigoso	χaṭīr	خطير
incendiar-se (vr)	eʃta'al	إشتعل
explosão (f)	enfegār (m)	إنفجار
incendiar (vt)	aʃ'al el nār	أشعل النار
incendiário (m)	moʃ'el ḥarīq 'an 'amd (m)	مشعل حريق عن عمد
incêndio (m) criminoso	eḥrāq el momtalakāt (m)	إحراق الممتلكات
arder (vi)	awhag	أوهج
queimar (vi)	et-ḥara'	إتحرق
queimar tudo (vi)	et-ḥara'	إتحرق
chamar os bombeiros	kallim 'ism el ḥarī'	كلّم قسم الحريق
bombeiro (m)	rāgel el maṭāfy (m)	راجل المطافي
carro (m) de bombeiros	sayāret el maṭāfy (f)	سيّارة المطافي
corpo (m) de bombeiros	'esm el maṭāfy (f)	قسم المطافي
escada (f) extensível	sellem el maṭāfy (m)	سلّم المطافي
mangueira (f)	χarṭūm el mayya (m)	خرطوم الميّة
extintor (m)	ṭaffayet ḥarī' (f)	طفّاية حريق
capacete (m)	χawza (f)	خوذة
sirene (f)	sarīna (f)	سرينة
gritar (vi)	ṣarraχ	صرّخ
chamar por socorro	estaɣās	إستغاث
salvador (m)	monqez (m)	منقذ
salvar, resgatar (vt)	anqaz	أنقذ
chegar (vi)	weṣel	وصل
apagar (vt)	ṭaffa	طفّى
água (f)	meyāh (f)	مياه

areia (f)	raml (m)	رمل
ruínas (f pl)	ḥeṭām (pl)	حطام
ruir (vi)	enhār	إنهار
desmoronar (vi)	enhār	إنهار
desabar (vi)	enhār	إنهار
fragmento (m)	ʾeṭʿet ḥeṭām (f)	قطعة حطام
cinza (f)	ramād (m)	رماد
sufocar (vi)	eθχanaʾ	إتخنق
perecer (vi)	māt	مات

ATIVIDADES HUMANAS

Emprego. Negócios. Parte 1

97. Banca

banco (m)	bank (m)	بنك
sucursal, balcão (f)	farʿ (m)	فرع
consultor (m)	mowazzaf bank (m)	موظّف بنك
gerente (m)	modīr (m)	مدير
conta (f)	ḥesāb bank (m)	حساب بنك
número (m) da conta	raqam el ḥesāb (m)	رقم الحساب
conta (f) corrente	ḥesāb gāry (m)	حساب جاري
conta (f) poupança	ḥesāb tawfīr (m)	حساب توّفير
abrir uma conta	fataḥ ḥesāb	فتح حساب
fechar uma conta	ʾafal ḥesāb	قفل حساب
depositar na conta	awdaʿ fel ḥesāb	أودع في الحساب
levantar (vt)	saḥab men el ḥesāb	سحب من الحساب
depósito (m)	wadeeʿa (f)	وديعة
fazer um depósito	awdaʿ	أودع
transferência (f) bancária	ḥewāla maṣrefiya (f)	حوالة مصرفيّة
transferir (vt)	ḥawwel	حوّل
soma (f)	mablaɣ (m)	مبلغ
Quanto?	kām?	كام؟
assinatura (f)	tawqeeʿ (m)	توقيع
assinar (vt)	waqqaʿ	وقّع
cartão (m) de crédito	kredit kard (f)	كريدت كارد
código (m)	kōd (m)	كود
número (m) do cartão de crédito	raqam el kredit kard (m)	رقم الكريدت كارد
Caixa Multibanco (m)	makinet ṣarrāf ʾāly (f)	ماكينة صرّاف آلي
cheque (m)	ʃīk (m)	شيك
passar um cheque	katab ʃīk	كتب شيك
livro (m) de cheques	daftar ʃikāt (m)	دفتر شيكات
empréstimo (m)	qarḍ (m)	قرض
pedir um empréstimo	ʾaddem ṭalab ʿala qarḍ	قدّم طلب على قرض
obter um empréstimo	ḥaṣal ʿala qarḍ	حصل على قرض
conceder um empréstimo	edda qarḍ	ادّى قرض
garantia (f)	ḍamān (m)	ضمان

98. Telefone. Conversação telefónica

telefone (m)	telefon (m)	تليفون
telemóvel (m)	mobile (m)	موبايل
secretária (f) electrónica	gehāz radd ʿalal mokalmāt (m)	جهاز ردّ على المكالمات
fazer uma chamada	ettaṣal	إتّصل
chamada (f)	mokalma telefoniya (f)	مكالمة تليفونية
marcar um número	ettaṣal be raqam	إتّصل برقم
Alô!	alo!	ألو!
perguntar (vt)	saʾal	سأل
responder (vt)	radd	ردّ
ouvir (vt)	semeʿ	سمع
bem	kewayes	كويّس
mal	meʃ kowayīs	مش كويّس
ruído (m)	taʃwīʃ (m)	تشويش
auscultador (m)	sammāʿa (f)	سمّاعة
pegar o telefone	rafaʿ el sammāʿa	رفع السمّاعة
desligar (vi)	ʾafal el sammāʿa	قفل السمّاعة
ocupado	maʃɣūl	مشغول
tocar (vi)	rann	رنّ
lista (f) telefónica	dalīl el telefone (m)	دليل التليفون
local	maḥalliyya	ة محلّيّة
chamada (f) local	mokalma maḥalliya (f)	مكالمة محلّيّة
de longa distância	biʿīd	بعيد
chamada (f) de longa distância	mokalma biʿīda (f)	مكالمة بعيدة المدى
internacional	dowly	دوّلي
chamada (f) internacional	mokalma dowliya (f)	مكالمة دوليّة

99. Telefone móvel

telemóvel (m)	mobile (m)	موبايل
ecrã (m)	ʿarḍ (m)	عرض
botão (m)	zerr (m)	زرّ
cartão SIM (m)	sim kard (m)	سيم كارد
bateria (f)	baṭṭariya (f)	بطّاريّة
descarregar-se	χelṣet	خلصت
carregador (m)	ʃāḥen (m)	شاحن
menu (m)	qāʾema (f)	قائمة
definições (f pl)	awḍāʿ (pl)	أوضاع
melodia (f)	naɣama (f)	نغمة
escolher (vt)	eχtār	إختار
calculadora (f)	ʾāla ḥasba (f)	آلة حاسبة
correio (m) de voz	barīd ṣawty (m)	بريد صوتي

despertador (m)	monabbeh (m)	منبّه
contatos (m pl)	gehāt el etteṣāl (pl)	جهات الإتّصال
mensagem (f) de texto	resāla 'aṣīra ɛsɛmɛs (f)	رسالة قصيرة sms
assinante (m)	moʃtarek (m)	مشترك

100. Estacionário

caneta (f)	'alam gāf (m)	قلم جاف
caneta (f) tinteiro	'alam rīʃa (m)	قلم ريشة
lápis (m)	'alam roṣāṣ (m)	قلم رصاص
marcador (m)	markar (m)	ماركر
caneta (f) de feltro	'alam fulumaster (m)	قلم فلوماستر
bloco (m) de notas	mozakkera (f)	مذكّرة
agenda (f)	gadwal el a'māl (m)	جدول الأعمال
régua (f)	masṭara (f)	مسطرة
calculadora (f)	'āla ḥasba (f)	آلة حاسبة
borracha (f)	astīka (f)	استيكة
pionés (m)	dabbūs (m)	دبّوس
clipe (m)	dabbūs wara' (m)	دبّوس ورق
cola (f)	ṣamɣ (m)	صمغ
agrafador (m)	dabbāsa (f)	دبّاسة
furador (m)	xarrāma (m)	خرّامة
afia-lápis (m)	barrāya (f)	برّاية

Emprego. Negócios. Parte 2

101. Media

jornal (m)	garīda (f)	جريدة
revista (f)	magalla (f)	مجلّة
imprensa (f)	ṣaḥāfa (f)	صحافة
rádio (m)	radio (m)	راديو
estação (f) de rádio	maḥaṭṭet radio (f)	محطّة راديو
televisão (f)	televizion (m)	تليفزيون
apresentador (m)	mo'addem (m)	مقدّم
locutor (m)	mozee' (m)	مذيع
comentador (m)	mo'alleq (m)	معلّق
jornalista (m)	ṣaḥafy (m)	صحفي
correspondente (m)	morāsel (m)	مراسل
repórter (m) fotográfico	moṣawwer ṣaḥafy (m)	مصوّر صحفي
repórter (m)	ṣaḥafy (m)	صحفي
redator (m)	moḥarrer (m)	محرّر
redator-chefe (m)	ra'īs taḥrīr (m)	رئيس تحرير
assinar a ...	eʃtarak	إشترك
assinatura (f)	eʃterāk (m)	إشتراك
assinante (m)	moʃtarek (m)	مشترك
ler (vt)	'ara	قرأ
leitor (m)	qāre' (m)	قارئ
tiragem (f)	tadāwol (m)	تداول
mensal	ʃahry	شهري
semanal	osbū'y	أسبوعي
número (jornal, revista)	'adad (m)	عدد
recente	gedīd	جديد
manchete (f)	'enwān (m)	عنوان
pequeno artigo (m)	maqāla saɣīra (f)	مقالة قصيرة
coluna (~ semanal)	'amūd (m)	عمود
artigo (m)	maqāla (f)	مقالة
página (f)	ṣafḥa (f)	صفحة
reportagem (f)	rebortāʒ (m)	ريبورتاج
evento (m)	ḥadass (m)	حدث
sensação (f)	ḍagga (f)	ضجّة
escândalo (m)	feḍīḥa (f)	فضيحة
escandaloso	fāḍeḥ	فاضح
grande	ʃahīr	شهير
programa (m) de TV	barnāmeg (m)	برنامج
entrevista (f)	leqā' ṣaḥafy (m)	لقاء صحفي

transmissão (f) em direto	ezāʿa mobāʃera (f)	إذاعة مباشرة
canal (m)	qanah (f)	قناة

102. Agricultura

agricultura (f)	zerāʿa (f)	زراعة
camponês (m)	fallāḥ (m)	فلاّح
camponesa (f)	fallāḥa (f)	فلاّحة
agricultor (m)	mozāreʿ (m)	مزارع
trator (m)	garrār (m)	جرّار
ceifeira-debulhadora (f)	ḥaṣṣāda (f)	حصّادة
arado (m)	meḥrās (m)	محراث
arar (vt)	ḥaras	حرث
campo (m) lavrado	ḥaql maḥrūθ (m)	حقل محروث
rego (m)	talem (m)	تلم
semear (vt)	bezr	بذر
semeadora (f)	bazzara (f)	بذّارة
semeadura (f)	zarʿ (m)	زرع
gadanha (f)	meḥasʃ (m)	محشّ
gadanhar (vt)	ḥasʃ	حشّ
pá (f)	karīk (m)	كريك
cavar (vt)	ḥaras	حرث
enxada (f)	magrafa (f)	مجرفة
carpir (vt)	estʾṣal nabatāt	إستأصل نباتات
erva (f) daninha	nabāt ṭafayly (m)	نبات طفيّلي
regador (m)	raʃāʃa (f)	رشّاشة
regar (vt)	saʾa	سقى
rega (f)	saʾy (m)	سقي
forquilha (f)	mazrāh (f)	مذراة
ancinho (m)	madamma (f)	مدمّة
fertilizante (m)	semād (m)	سماد
fertilizar (vt)	sammed	سمّد
estrume (m)	semād (m)	سماد
campo (m)	ḥaql (m)	حقل
prado (m)	marag (m)	مرج
horta (f)	bostān χoḍār (m)	بستان خضار
pomar (m)	bostān (m)	بستان
pastar (vt)	raʿa	رعى
pastor (m)	rāʿy (m)	راعي
pastagem (f)	marʿa (m)	مرعى
pecuária (f)	tarbeya el mawāʃy (f)	تربية المواشي
criação (f) de ovelhas	tarbeya aɣnām (f)	تربية أغنام

plantação (f)	mazraʿa (f)	مزرعة
canteiro (m)	ḥoḍe (m)	حوض
invernadouro (m)	dafīʾa (f)	دفيئة
seca (f)	gafāf (m)	جفاف
seco (verão ~)	gāf	جاف
cereal (m)	ḥobūb (pl)	حبوب
cereais (m pl)	maḥaṣīl el ḥubūb (pl)	محاصيل الحبوب
colher (vt)	ḥaṣad	حصد
moleiro (m)	ṭaḥḥān (m)	طحّان
moinho (m)	ṭaḥūna (f)	طاحونة
moer (vt)	ṭaḥn el ḥobūb	طحن الحبوب
farinha (f)	deʾīʾ (m)	دقيق
palha (f)	ʾaʃ (m)	قشّ

103. Construção. Processo de construção

canteiro (m) de obras	arḍ benāʾ (f)	أرض بناء
construir (vt)	bana	بنى
construtor (m)	ʿāmel benāʾ (m)	عامل بناء
projeto (m)	maʃrūʿ (m)	مشروع
arquiteto (m)	mohandes meʿmāry (m)	مهندس معماري
operário (m)	ʿāmel (m)	عامل
fundação (f)	asās (m)	أساس
telhado (m)	saʾf (m)	سقف
estaca (f)	kawmet el asās (f)	كومة الأساس
parede (f)	ḥeyṭa (f)	حيطة
varões (m pl) para betão	ḥadīd taslīḥ (m)	حديد تسليح
andaime (m)	saʾʾāla (f)	سقّالة
betão (m)	χarasāna (f)	خرسانة
granito (m)	granīt (m)	جرانيت
pedra (f)	ḥagar (m)	حجر
tijolo (m)	ṭūb (m)	طوب
areia (f)	raml (m)	رمل
cimento (m)	asmant (m)	إسمنت
emboço (m)	ṭalāʾ gaṣṣ (m)	طلاء جصّ
emboçar (vt)	ṭala bel gaṣṣ	طلى بالجصّ
tinta (f)	dehān (m)	دهان
pintar (vt)	dahhen	دهّن
barril (m)	barmīl (m)	برميل
grua (f), guindaste (m)	rāfeʿa (f)	رافعة
erguer (vt)	rafaʿ	رفع
baixar (vt)	nazzel	نزّل
buldózer (m)	bulldozer (m)	بولدوزر
escavadora (f)	ḥaffāra (f)	حفّارة

caçamba (f)	magrafa (f)	مجرفة
escavar (vt)	ḥafar	حفر
capacete (m) de proteção	χawza (f)	خوذة

Profissões e ocupações

104. Procura de emprego. Demissão

trabalho (m)	ʿamal (m)	عمل
equipa (f)	kawādir (pl)	كوادر
pessoal (m)	ṭāqem el ʿāmelīn (m)	طاقم العاملين
carreira (f)	mehna (f)	مهنة
perspetivas (f pl)	ʾāfāq (pl)	آفاق
mestria (f)	maharāt (pl)	مهارات
seleção (f)	exteyār (m)	إختيار
agência (f) de emprego	wekālet tawẓīf (f)	وكالة توّظيف
CV, currículo (m)	sīra zātiya (f)	سيرة ذاتيّة
entrevista (f) de emprego	mo'ablet ʿamal (f)	مقابلة عمل
vaga (f)	waẓīfa xaleya (f)	وظيفة خالية
salário (m)	morattab (m)	مرتّب
salário (m) fixo	rāteb sābet (m)	راتب ثابت
pagamento (m)	ogra (f)	أجرة
posto (m)	manṣeb (m)	منصب
dever (do empregado)	wāgeb (m)	واجب
gama (f) de deveres	magmūʿa men el wāgebāt (f)	مجموعة من الواجبات
ocupado	maʃɣūl	مشغول
despedir, demitir (vt)	rafad	رفد
demissão (f)	eqāla (m)	إقالة
desemprego (m)	baṭāla (f)	بطالة
desempregado (m)	ʿāṭel (m)	عاطل
reforma (f)	maʿāʃ (m)	معاش
reformar-se	oḥīl ʿala el maʿāʃ	أحيل على المعاش

105. Gente de negócios

diretor (m)	modīr (m)	مدير
gerente (m)	modīr (m)	مدير
patrão, chefe (m)	raʾīs (m)	رئيس
superior (m)	motafawweq (m)	متفوّق
superiores (m pl)	roʾasāʾ (pl)	رؤساء
presidente (m)	raʾīs (m)	رئيس
presidente (m) de direção	raʾīs (m)	رئيس
substituto (m)	nāʾeb (m)	نائب
assistente (m)	mosāʿed (m)	مساعد

secretário (m)	sekerteyr (m)	سكرتير
secretário (m) pessoal	sekerteyr χāṣ (m)	سكرتير خاص
homem (m) de negócios	ragol a'māl (m)	رجل أعمال
empresário (m)	rā'ed a'māl (m)	رائد أعمال
fundador (m)	mo'asses (m)	مؤسّس
fundar (vt)	asses	أسّس
fundador, sócio (m)	mo'asses (m)	مؤسّس
parceiro, sócio (m)	ʃerīk (m)	شريك
acionista (m)	mālek el as-hom (m)	مالك الأسهم
milionário (m)	millyonīr (m)	مليونير
bilionário (m)	milliardīr (m)	ملياردير
proprietário (m)	ṣāḥeb (m)	صاحب
proprietário (m) de terras	ṣāḥeb el arḍ (m)	صاحب الأرض
cliente (m)	'amīl (m)	عميل
cliente (m) habitual	'amīl dā'em (m)	عميل دائم
comprador (m)	moʃtary (m)	مشتري
visitante (m)	zā'er (m)	زائر
profissional (m)	moḥtaref (m)	محترف
perito (m)	χabīr (m)	خبير
especialista (m)	motaχaṣṣeṣ (m)	متخصّص
banqueiro (m)	ṣāḥeb maṣraf (m)	صاحب مصرف
corretor (m)	semsār (m)	سمسار
caixa (m, f)	'āmel kaʃier (m)	عامل كاشيير
contabilista (m)	muḥāseb (m)	محاسب
guarda (m)	ḥāres amn (m)	حارس أمن
investidor (m)	mostasmer (m)	مستثمر
devedor (m)	modīn (m)	مدين
credor (m)	dā'en (m)	دائن
mutuário (m)	moqtareḍ (m)	مقترض
importador (m)	mostawred (m)	مستورّد
exportador (m)	moṣadder (m)	مصدّر
produtor (m)	el ʃerka el moṣanne'a (f)	الشركة المصنّعة
distribuidor (m)	mowazze' (m)	موزّع
intermediário (m)	wasīṭ (m)	وسيط
consultor (m)	mostaʃār (m)	مستشار
representante (m)	mandūb mabi'āt (m)	مندوب مبيعات
agente (m)	wakīl (m)	وكيل
agente (m) de seguros	wakīl el ta'mīn (m)	وكيل التأمين

106. Profissões de serviços

cozinheiro (m)	ṭabbāχ (m)	طبّاخ
cozinheiro chefe (m)	el ʃeyf (m)	الشيف

padeiro (m)	xabbāz (m)	خبّاز
barman (m)	bārman (m)	بارمان
empregado (m) de mesa	garsone (m)	جرسون
empregada (f) de mesa	garsona (f)	جرسونة
advogado (m)	muḥāmy (m)	محامي
jurista (m)	muḥāmy xabīr qanūny (m)	محامي خبير قانوني
notário (m)	mowassaq (m)	موثّق
eletricista (m)	kahrabā'y (m)	كهربائي
canalizador (m)	samkary (m)	سمكري
carpinteiro (m)	naggār (m)	نجّار
massagista (m)	modallek (m)	مدلّك
massagista (f)	modalleka (f)	مدلّكة
médico (m)	doktore (m)	دكتور
taxista (m)	sawwā' taksi (m)	سوّاق تاكسي
condutor (automobilista)	sawwā' (m)	سوّاق
entregador (m)	rāgel el delivery (m)	راجل الديلفري
camareira (f)	'āmela tandīf ɣoraf (f)	عاملة تنظيف غرف
guarda (m)	ḥāres amn (m)	حارس أمن
hospedeira (f) de bordo	moḍīfet ṭayarān (f)	مضيفة طيران
professor (m)	modarres madrasa (m)	مدرّس مدرسة
bibliotecário (m)	amīn maktaba (m)	أمين مكتبة
tradutor (m)	motargem (m)	مترجم
intérprete (m)	motargem fawwry (m)	مترجم فوّري
guia (pessoa)	morʃed (m)	مرشد
cabeleireiro (m)	ḥallā' (m)	حلّاق
carteiro (m)	sā'y el barīd (m)	ساعي البريد
vendedor (m)	bayā' (m)	بيّاع
jardineiro (m)	bostāny (m)	بستاني
criado (m)	xādema (m)	خادمة
criada (f)	xadema (f)	خادمة
empregada (f) de limpeza	'āmela tandīf (f)	عاملة تنظيف

107. Profissões militares e postos

soldado (m) raso	gondy (m)	جنّدي
sargento (m)	raqīb tāny (m)	رقيب تاني
tenente (m)	molāzem tāny (m)	ملازم تاني
capitão (m)	naqīb (m)	نقيب
major (m)	rā'ed (m)	رائد
coronel (m)	'aqīd (m)	عقيد
general (m)	ʒenerāl (m)	جنرال
marechal (m)	marʃāl (m)	مارشال
almirante (m)	amerāl (m)	أميرال
militar (m)	'askary (m)	عسكري
soldado (m)	gondy (m)	جنّدي

oficial (m)	ḍābeṭ (m)	ضابط
comandante (m)	qā'ed (m)	قائد
guarda (m) fronteiriço	ḥaras ḥodūd (m)	حرس حدود
operador (m) de rádio	'āmel lāselky (m)	عامل لاسلكي
explorador (m)	rā'ed mostakʃef (m)	رائد مستكشف
sapador (m)	mohandes 'askary (m)	مهندس عسكري
atirador (m)	rāmy (m)	رامي
navegador (m)	mallāḥ (m)	ملاّح

108. Oficiais. Padres

rei (m)	malek (m)	ملك
rainha (f)	maleka (f)	ملكة
príncipe (m)	amīr (m)	أمير
princesa (f)	amīra (f)	أميرة
czar (m)	qayṣar (m)	قيصر
czarina (f)	qayṣara (f)	قيصرة
presidente (m)	ra'īs (m)	رئيس
ministro (m)	wazīr (m)	وزير
primeiro-ministro (m)	ra'īs wozarā' (m)	رئيس وزراء
senador (m)	'oḍw magles el ʃoyūχ (m)	عضو مجلس الشيوخ
diplomata (m)	deblomāsy (m)	دبلوماسي
cônsul (m)	qonṣol (m)	قنصل
embaixador (m)	safīr (m)	سفير
conselheiro (m)	mostaʃār (m)	مستشار
funcionário (m)	mowazzaf (m)	موظّف
prefeito (m)	ra'īs edāret el ḥayī (m)	رئيس إدارة الحي
Presidente (m) da Câmara	ra'īs el baladiya (m)	رئيس البلديّة
juiz (m)	qāḍy (m)	قاضي
procurador (m)	el na'eb el 'ām (m)	النائب العام
missionário (m)	mobasʃer (m)	مبشّر
monge (m)	rāheb (m)	راهب
abade (m)	ra'īs el deyr (m)	رئيس الدير
rabino (m)	ḥaχām (m)	حاخام
vizir (m)	wazīr (m)	وزير
xá (m)	ʃāh (m)	شاه
xeque (m)	ʃεyχ (m)	شيخ

109. Profissões agrícolas

apicultor (m)	naḥḥāl (m)	نحّال
pastor (m)	rā'y (m)	راعي
agrónomo (m)	mohandes zerā'y (m)	مهندس زراعي

criador (m) de gado	morabby el mawāʃy (m)	مربّي المواشي
veterinário (m)	doktore beṭary (m)	دكتور بيطري
agricultor (m)	mozāreʿ (m)	مزارع
vinicultor (m)	ṣāneʿ el χamr (m)	صانع الخمر
zoólogo (m)	χabīr fe ʿelm el ḥayawān (m)	خبير في علم الحيوان
cowboy (m)	rāʿy el baʾar (m)	راعي البقر

110. Profissões artísticas

ator (m)	momassel (m)	ممثّل
atriz (f)	momassela (f)	ممثّلة
cantor (m)	moṭreb (m)	مطرب
cantora (f)	moṭreba (f)	مطربة
bailarino (m)	rāqeṣ (m)	راقص
bailarina (f)	raʾāṣa (f)	راقصة
artista (m)	fannān (m)	فنّان
artista (f)	fannāna (f)	فنّانة
músico (m)	ʿāzef (m)	عازف
pianista (m)	ʿāzef biano (m)	عازف بيانو
guitarrista (m)	ʿāzef guitar (m)	عازف جيتار
maestro (m)	qāʾed orkestra (m)	قائد أوركسترا
compositor (m)	molaḥḥen (m)	ملحّن
empresário (m)	modīr ferʾa (m)	مدير فرقة
realizador (m)	moχreg aflām (m)	مخرج أفلام
produtor (m)	monteg (m)	منتج
argumentista (m)	kāteb senario (m)	كاتب سيناريو
crítico (m)	nāqed (m)	ناقد
escritor (m)	kāteb (m)	كاتب
poeta (m)	ʃāʿer (m)	شاعر
escultor (m)	naḥḥāt (m)	نحّات
pintor (m)	rassām (m)	رسّام
malabarista (m)	bahlawān (m)	بهلوان
palhaço (m)	aragoze (m)	أراجوز
acrobata (m)	bahlawān (m)	بهلوان
mágico (m)	sāḥer (m)	ساحر

111. Várias profissões

médico (m)	doktore (m)	دكتور
enfermeira (f)	momarreḍa (f)	ممرّضة
psiquiatra (m)	doktore nafsāny (m)	دكتور نفساني
estomatologista (m)	doktore asnān (m)	دكتور أسنان
cirurgião (m)	garrāḥ (m)	جرّاح

astronauta (m)	rā'ed faḍā' (m)	رائد فضاء
astrónomo (m)	'ālem falak (m)	عالم فلك
piloto (m)	ṭayār (m)	طيّار
motorista (m)	sawwā' (m)	سوّاق
maquinista (m)	sawwā' (m)	سوّاق
mecânico (m)	mikanīky (m)	ميكانيكي
mineiro (m)	'āmel mangam (m)	عامل منجم
operário (m)	'āmel (m)	عامل
serralheiro (m)	'affāl (m)	قفّال
marceneiro (m)	naggār (m)	نجّار
torneiro (m)	χarrāṭ (m)	خرّاط
construtor (m)	'āmel benā' (m)	عامل بناء
soldador (m)	laḥḥām (m)	لحّام
professor (m) catedrático	brofessor (m)	بروفيسور
arquiteto (m)	mohandes me'māry (m)	مهندس معماري
historiador (m)	mo'arreχ (m)	مؤرّخ
cientista (m)	'ālem (m)	عالم
físico (m)	fizyā'y (m)	فيزيائي
químico (m)	kemyā'y (m)	كيميائي
arqueólogo (m)	'ālem'āsār (m)	عالم آثار
geólogo (m)	ʒeoloʒy (m)	جيولوجي
pesquisador (cientista)	bāḥes (m)	باحث
babysitter (f)	dāda (f)	دادة
professor (m)	mo'allem (m)	معلّم
redator (m)	moḥarrer (m)	محرّر
redator-chefe (m)	ra'īs taḥrīr (m)	رئيس تحرير
correspondente (m)	morāsel (m)	مراسل
datilógrafa (f)	kāteba 'ala el 'āla el kāteba (f)	كاتبة على الآلة الكاتبة
designer (m)	moṣammem (m)	مصمّم
especialista (m) em informática	motaχaṣṣeṣ bel kombuter (m)	متخصّص بالكمبيوتر
programador (m)	mobarmeg (m)	مبرمج
engenheiro (m)	mohandes (m)	مهندس
marujo (m)	baḥḥār (m)	بحّار
marinheiro (m)	baḥḥār (m)	بحّار
salvador (m)	monqez (m)	منقذ
bombeiro (m)	rāgel el maṭāfy (m)	راجل المطافئ
polícia (m)	ʃorṭy (m)	شرطي
guarda-noturno (m)	ḥāres (m)	حارس
detetive (m)	moḥaqqeq (m)	محقّق
funcionário (m) da alfândega	mowazzaf el gamārek (m)	موظّف الجمارك
guarda-costas (m)	ḥāres ʃaχṣy (m)	حارس شخصي
guarda (m) prisional	ḥāres segn (m)	حارس سجن
inspetor (m)	mofatteʃ (m)	مفتّش
desportista (m)	reyāḍy (m)	رياضي
treinador (m)	modarreb (m)	مدرّب

talhante (m)	gazzār (m)	جزّار
sapateiro (m)	eskāfy (m)	إسكافي
comerciante (m)	tāger (m)	تاجر
carregador (m)	ʃayāl (m)	شيّال
estilista (m)	moṣammem azyāʾ (m)	مصمّم أزياء
modelo (f)	modeyl (f)	موديل

112. Ocupações. Estatuto social

aluno, escolar (m)	talmīz (m)	تلميذ
estudante (~ universitária)	ṭāleb (m)	طالب
filósofo (m)	faylasūf (m)	فيلسوف
economista (m)	eqtiṣādy (m)	إقتصادي
inventor (m)	moχtareʿ (m)	مخترع
desempregado (m)	ʿāṭel (m)	عاطل
reformado (m)	motaqāʿed (m)	متقاعد
espião (m)	gasūs (m)	جاسوس
preso (m)	sagīn (m)	سجين
grevista (m)	moḍrab (m)	مضرب
burocrata (m)	buroqrāṭy (m)	بيروقراطي
viajante (m)	raḥḥāla (m)	رحّالة
homossexual (m)	ʃāz (m)	شاذ
hacker (m)	haker (m)	هاكر
hippie	hippi (m)	هيبّي
bandido (m)	qāṭeʿ ṭarīʾ (m)	قاطع طريق
assassino (m) a soldo	qātel maʾgūr (m)	قاتل مأجور
toxicodependente (m)	modmen moχaddarāt (m)	مدمن مخدّرات
traficante (m)	tāger moχaddarāt (m)	تاجر مخدّرات
prostituta (f)	mommos (f)	مومس
chulo (m)	qawwād (m)	قوّاد
bruxo (m)	sāḥer (m)	ساحر
bruxa (f)	sāḥera (f)	ساحرة
pirata (m)	ʾorṣān (m)	قرصان
escravo (m)	ʿabd (m)	عبد
samurai (m)	samuray (m)	ساموراي
selvagem (m)	motawaḥḥeʃ (m)	متوحّش

Desportos

113. Tipos de desportos. Desportistas

desportista (m)	reyāḍy (m)	رياضي
tipo (m) de desporto	nūʿ men el reyāḍa (m)	نوع من الرياضة
basquetebol (m)	koret el salla (f)	كرة السلّة
jogador (m) de basquetebol	lāʿeb korat el salla (m)	لاعب كرة السلّة
beisebol (m)	baseball (m)	بيسبول
jogador (m) de beisebol	lāʿeb basebāl (m)	لاعب بيسبول
futebol (m)	koret el qadam (f)	كرة القدم
futebolista (m)	lāʿeb korat qadam (m)	لاعب كرة القدم
guarda-redes (m)	ḥāres el marma (m)	حارس المرمى
hóquei (m)	hoky (m)	هوكي
jogador (m) de hóquei	lāʿeb hoky (m)	لاعب هوكي
voleibol (m)	voliball (m)	فولي بول
jogador (m) de voleibol	lāʿeb volly bal (m)	لاعب فولي بول
boxe (m)	molakma (f)	ملاكمة
boxeador, pugilista (m)	molākem (m)	ملاكم
luta (f)	moṣarʿa (f)	مصارعة
lutador (m)	moṣāreʿ (m)	مصارع
karaté (m)	karate (m)	كاراتيه
karateca (m)	lāʿeb karateyh (m)	لاعب كاراتيه
judo (m)	ʒudo (m)	جودو
judoca (m)	lāʿeb ʒudo (m)	لاعب جودو
ténis (m)	tennis (m)	تنسّ
tenista (m)	lāʿeb tennis (m)	لاعب تنس
natação (f)	sebāḥa (f)	سباحة
nadador (m)	sabbāḥ (m)	سبّاح
esgrima (f)	mobarza (f)	مبارزة
esgrimista (m)	mobārez (m)	مبارز
xadrez (m)	ʃaṭarang (m)	شطرنج
xadrezista (m)	lāʿeb ʃaṭarang (m)	لاعب شطرنج
alpinismo (m)	tasalloq el gebāl (m)	تسلّق الجبال
alpinista (m)	motasalleq el gebāl (m)	متسلِّق الجبال
corrida (f)	garyī (m)	جري

corredor (m)	ʿaddāʾ (m)	عدّاء
atletismo (m)	alʿāb el qowa (pl)	ألعاب القوى
atleta (m)	lāʿeb reyāḍy (m)	لاعب رياضي
hipismo (m)	reyāḍa el forūsiya (f)	رياضة الفروسيّة
cavaleiro (m)	fāres (m)	فارس
patinagem (f) artística	tazallog fanny ʿalal galīd (m)	تزلّج فنّي على الجليد
patinador (m)	motazalleg rāqeṣ (m)	متزلّج راقص
patinadora (f)	motazallega rāqeṣa (f)	متزلّجة راقصة
halterofilismo (m)	rafʿ el asqāl (m)	رفع الأثقال
halterofilista (m)	rāfeʿ el asqāl (m)	رافع الأثقال
corrida (f) de carros	sebāʾ el sayarāt (m)	سباق السيارات
piloto (m)	sawwāʾ sebāʾ (m)	سائق سباق
ciclismo (m)	rokūb el darragāt (m)	ركوب الدرّاجات
ciclista (m)	lāʿeb el darrāga (m)	لاعب الدرّاجة
salto (m) em comprimento	el qafz el ʿāly (m)	القفز العالي
salto (m) à vara	el qafz bel ʿaṣa (m)	القفز بالعصا
atleta (m) de saltos	qāfez (m)	قافز

114. Tipos de desportos. Diversos

futebol (m) americano	koret el qadam (f)	كرة القدم
badminton (m)	el rīʃa (m)	الريشة
biatlo (m)	el biatlon (m)	البياتلون
bilhar (m)	bilyardo (m)	بلياردو
bobsled (m)	zalāga gamaʿiya (f)	زلاجة جماعية
musculação (f)	body building (m)	بادي بيلدنج
polo (m) aquático	koret el maya (f)	كرة الميّة
andebol (m)	koret el yad (f)	كرة اليد
golfe (m)	golf (m)	جولف
remo (m)	tagdīf (m)	تجديف
mergulho (m)	ɣoṣe (m)	غوص
corrida (f) de esqui	reyāḍa el ski (f)	رياضة الإسكي
ténis (m) de mesa	koret el ṭawla (f)	كرة الطاولة
vela (f)	reyāḍa ebḥār el marākeb (f)	رياضة إبحارالمراكب
rali (m)	sebāʾ el sayarāt (m)	سباق السيارات
râguebi (m)	rugby (m)	رجبي
snowboard (m)	el tazallog ʿlal galīd (m)	التزلّج على الجليد
tiro (m) com arco	remāya (f)	رماية

115. Ginásio

barra (f)	bār ḥadīd (m)	بار حديد
halteres (m pl)	dumbbells (m)	دمبلز

aparelho (m) de musculaçao	gehāz tadrīb (m)	جهاز تدريب
bicicleta (f) ergométrica	ʿagalet tadrīb (f)	عجلة تدريب
passadeira (f) de corrida	trīdmil (f)	تريد ميل
barra (f) fixa	ʿoʾla (f)	عقلة
barras (f) paralelas	el motawaziyīn (pl)	المتوازيين
cavalo (m)	manaṣṣet el qafz (f)	منصّة القفز
tapete (m) de ginástica	ḥaṣīra (f)	حصيرة
corda (f) de saltar	ḥabl el naṭṭ (m)	حبل النطّ
aeróbica (f)	aerobiks (m)	ايروبيكس
ioga (f)	yoga (f)	يوجا

116. Desportos. Diversos

Jogos (m pl) Olímpicos	alʿāb olombiya (pl)	ألعاب أولمبيّة
vencedor (m)	fāʾez (m)	فائز
vencer (vi)	fāz	فاز
vencer, ganhar (vi)	fāz	فاز
líder (m)	zaʿīm (m)	زعيم
liderar (vt)	taʾaddam	تقدّم
primeiro lugar (m)	el martaba el ūla (f)	المرتبة الأولى
segundo lugar (m)	el martaba el tanya (f)	المرتبة الثانية
terceiro lugar (m)	el martaba el talta (f)	المرتبة الثالثة
medalha (f)	medalya (f)	ميدالية
troféu (m)	kaʾs (f)	كأس
taça (f)	kaʾs (f)	كأس
prémio (m)	gayza (f)	جائزة
prémio (m) principal	akbar gayza (f)	أكبر جائزة
recorde (m)	raqam qeyāsy (m)	رقم قياسي
estabelecer um recorde	fāz be raqam qeyāsy	فاز برقم قياسي
final (m)	mobarāh nehaʾiya (f)	مباراة نهائيّة
final	nehāʾy	نهائي
campeão (m)	baṭal (m)	بطل
campeonato (m)	boṭūla (f)	بطولة
estádio (m)	malʿab (m)	ملعب
bancadas (f pl)	modarrag (m)	مدرّج
fã, adepto (m)	moʃaggeʿ (m)	مشجّع
adversário (m)	ʿadeww (m)	عدوّ
partida (f)	χaṭṭ el bedāya (m)	خطّ البداية
chegada, meta (f)	χaṭṭ el nehāya (m)	خطّ النهاية
derrota (f)	hazīma (f)	هزيمة
perder (vt)	χeser	خسر
árbitro (m)	ḥakam (m)	حكم
júri (m)	hayʾet el ḥokm (f)	هيئة الحكم

resultado (m)	natīga (f)	نتيجة
empate (m)	ta'ādol (m)	تعادل
empatar (vi)	ta'ādal	تعادل
ponto (m)	no'ṭa (f)	نقطة
resultado (m) final	natīga neha'iya (f)	نتيجة نهائية
tempo, período (m)	ʃoṭe (m)	شوط
intervalo (m)	beyn el ʃoṭeyn	بين الشوطين
doping (m)	monasʃeṭāt (pl)	منشّطات
penalizar (vt)	'āqab	عاقب
desqualificar (vt)	ḥaram	حرم
aparelho (m)	adah (f)	أداة
dardo (m)	remḥ (m)	رمح
peso (m)	kora ma'daniya (f)	كرة معدنية
bola (f)	kora (f)	كرة
alvo, objetivo (m)	hadaf (m)	هدف
alvo (~ de papel)	hadaf (m)	هدف
atirar, disparar (vi)	ḍarab bel nār	ضرب بالنار
preciso (tiro ~)	maḍbūṭ	مضبوط
treinador (m)	modarreb (m)	مدرّب
treinar (vt)	darrab	درّب
treinar-se (vr)	etdarrab	إتدرّب
treino (m)	tadrīb (m)	تدريب
ginásio (m)	gīm (m)	جيم
exercício (m)	tamrīn (m)	تمرين
aquecimento (m)	tasχīn (m)	تسخين

Educação

117. Escola

escola (f)	madrasa (f)	مدرسة
diretor (m) de escola	modīr el madrasa (m)	مدير المدرسة
aluno (m)	talmīz (m)	تلميذ
aluna (f)	telmīza (f)	تلميذة
escolar (m)	talmīz (m)	تلميذ
escolar (f)	telmīza (f)	تلميذة
ensinar (vt)	ʿallem	علّم
aprender (vt)	taʿallam	تعلّم
aprender de cor	ḥafaẓ	حفظ
estudar (vi)	taʿallam	تعلّم
andar na escola	daras	درس
ir à escola	rāḥ el madrasa	راح المدرسة
alfabeto (m)	abgadiya (f)	أبجدية
disciplina (f)	madda (f)	مادّة
sala (f) de aula	faṣl (m)	فصل
lição (f)	dars (m)	درس
recreio (m)	estrāḥa (f)	إستراحة
toque (m)	garas el madrasa (m)	جرس المدرسة
carteira (f)	disk el madrasa (m)	ديسك المدرسة
quadro (m) negro	sabbūra (f)	سبّورة
nota (f)	daraga (f)	درجة
boa nota (f)	daraga kewayesa (f)	درجة كويسة
nota (f) baixa	daraga meʃ kewayesa (f)	درجة مش كويسة
dar uma nota	edda daraga	إدّى درجة
erro (m)	χaṭaʾ (m)	خطأ
fazer erros	aχṭaʾ	أخطأ
corrigir (vt)	ṣaḥḥaḥ	صحّح
cábula (f)	berʃām (m)	برشام
dever (m) de casa	wāgeb (m)	واجب
exercício (m)	tamrīn (m)	تمرين
estar presente	ḥaḍar	حضر
estar ausente	ɣāb	غاب
faltar às aulas	taɣeyyab ʿan el madrasa	تغيّب عن المدرسة
punir (vt)	ʿāqab	عاقب
punição (f)	ʿeqāb (m)	عقاب
comportamento (m)	solūk (m)	سلوك

boletim (m) escolar	el taqrīr el madrasy (m)	التقرير المدرسي
lápis (m)	ʾalam roṣāṣ (m)	قلم رصاص
borracha (f)	astīka (f)	استيكة
giz (m)	ṭabaʃīr (m)	طباشير
estojo (m)	maʾlama (f)	مقلمة
pasta (f) escolar	ʃanṭet el madrasa (f)	شنطة المدرسة
caneta (f)	ʾalam (m)	قلم
caderno (m)	daftar (m)	دفتر
manual (m) escolar	ketāb taʿlīm (m)	كتاب تعليم
compasso (m)	bargal (m)	برجل
traçar (vt)	rasam rasm teqany	رسم رسم تقني
desenho (m) técnico	rasm teqany (m)	رسم تقني
poesia (f)	ʾaṣīda (f)	قصيدة
de cor	ʿan ẓahr qalb	عن ظهر قلب
aprender de cor	ḥafaẓ	حفظ
férias (f pl)	agāza (f)	أجازة
estar de férias	ʿando agāza	عنده أجازة
passar as férias	ʾaḍa el agāza	قضى الأجازة
teste (m)	emteḥān (m)	إمتحان
composição, redação (f)	enʃāʾ (m)	إنشاء
ditado (m)	emlāʾ (m)	إملاء
exame (m)	emteḥān (m)	إمتحان
fazer exame	ʿamal emteḥān	عمل إمتحان
experiência (~ química)	tagreba (f)	تجربة

118. Colégio. Universidade

academia (f)	akademiya (f)	أكاديميّة
universidade (f)	gamʿa (f)	جامعة
faculdade (f)	kolliya (f)	كلّيّة
estudante (m)	ṭāleb (m)	طالب
estudante (f)	ṭāleba (f)	طالبة
professor (m)	muḥāḍer (m)	محاضر
sala (f) de palestras	modarrag (m)	مدرّج
graduado (m)	motaχarreg (m)	متخرج
diploma (m)	dibloma (f)	دبلومة
tese (f)	resāla ʿelmiya (f)	رسالة علميّة
estudo (obra)	derāsa (f)	دراسة
laboratório (m)	moχtabar (m)	مختبر
palestra (f)	moḥaḍra (f)	محاضرة
colega (m) de curso	zamīl fel ṣaff (m)	زميل في الصفّ
bolsa (f) de estudos	menḥa derāsiya (f)	منحة دراسيّة
grau (m) académico	daraga ʿelmiya (f)	درجة علميّة

119. Ciências. Disciplinas

matemática (f)	reyāḍīāt (pl)	رياضيّات
álgebra (f)	el gabr (m)	الجبر
geometria (f)	handasa (f)	هندسة
astronomia (f)	ʿelm el falak (m)	علم الفلك
biologia (f)	al aḥyaʾ (m)	الأحياء
geografia (f)	goɣrafia (f)	جغرافيا
geologia (f)	ʒeoloʒia (f)	جيولوجيا
história (f)	tarīχ (m)	تاريخ
medicina (f)	ṭebb (m)	طبّ
pedagogia (f)	tarbeya (f)	تربية
direito (m)	qanūn (m)	قانون
física (f)	fezyaʾ (f)	فيزياء
química (f)	kemyaʾ (f)	كيمياء
filosofia (f)	falsafa (f)	فلسفة
psicologia (f)	ʿelm el nafs (m)	علم النفس

120. Sistema de escrita. Ortografia

gramática (f)	el naḥw wel ṣarf (m)	النحو والصرف
vocabulário (m)	mofradāt el loɣa (pl)	مفردات اللغة
fonética (f)	ṣawtīāt (pl)	صوتيات
substantivo (m)	esm (m)	اسم
adjetivo (m)	ṣefa (f)	صفة
verbo (m)	feʿl (m)	فعل
advérbio (m)	ẓarf (m)	ظرف
pronome (m)	ḍamīr (m)	ضمير
interjeição (f)	oslūb el taʿaggob (m)	أسلوب التعجّب
preposição (f)	ḥarf el garr (m)	حرف الجرّ
raiz (f) da palavra	gezr el kelma (m)	جذر الكلمة
terminação (f)	nehāya (f)	نهاية
prefixo (m)	sabaeqa (f)	سابقة
sílaba (f)	maqṭaʿ lafzy (m)	مقطع لفظي
sufixo (m)	lāḥeqa (f)	لاحقة
acento (m)	nabra (f)	نبرة
apóstrofo (m)	ʿalāmet ḥazf (f)	علامة حذف
ponto (m)	noʾṭa (f)	نقطة
vírgula (f)	faṣla (f)	فاصلة
ponto e vírgula (m)	noʾṭa w faṣla (f)	نقطة وفاصلة
dois pontos (m pl)	noʾṭeteyn (pl)	نقطتين
reticências (f pl)	talat noʾaṭ (pl)	ثلاث نقط
ponto (m) de interrogação	ʿalāmet estefhām (f)	علامة إستفهام
ponto (m) de exclamação	ʾalāmet taʿaggob (f)	علامة تعجّب

aspas (f pl)	ʿalamāt el eqtebās (pl)	علامات الإقتباس
entre aspas	beyn ʿalamaty el eqtebās	بين علامتي الاقتباس
parênteses (m pl)	qoseyn (du)	قوسين
entre parênteses	beyn el qoseyn	بين القوسين
hífen (m)	ʿalāmet waṣl (f)	علامة وصل
travessão (m)	ʃorṭa (f)	شرطة
espaço (m)	farāɣ (m)	فراغ
letra (f)	ḥarf (m)	حرف
letra (f) maiúscula	ḥarf kebīr (m)	حرف كبير
vogal (f)	ḥarf ṣauty (m)	حرف صوتي
consoante (f)	ḥarf sāken (m)	حرف ساكن
frase (f)	gomla (f)	جملة
sujeito (m)	fāʿel (m)	فاعل
predicado (m)	mosnad (m)	مسند
linha (f)	saṭr (m)	سطر
em uma nova linha	men bedāyet el saṭr	من بداية السطر
parágrafo (m)	faqra (f)	فقرة
palavra (f)	kelma (f)	كلمة
grupo (m) de palavras	magmūʿa men el kelamāt (pl)	مجموعة من الكلمات
expressão (f)	moṣṭalaḥ (m)	مصطلح
sinónimo (m)	morādef (m)	مرادف
antónimo (m)	motaḍād loɣawy (m)	متضاد لغوي
regra (f)	qaʿeda (f)	قاعدة
exceção (f)	estesnāʾ (m)	إستثناء
correto	ṣaḥīḥ	صحيح
conjugação (f)	ṣarf (m)	صرف
declinação (f)	taṣrīf el asmāʾ (m)	تصريف الأسماء
caso (m)	ḥāla esmiya (f)	حالة أسمية
pergunta (f)	soʾāl (m)	سؤال
sublinhar (vt)	ḥaṭṭ χaṭṭ taḥt	حطّ خطّ تحت
linha (f) pontilhada	χaṭṭ menaʾʾaṭ (m)	خطّ منقّط

121. Línguas estrangeiras

língua (f)	loɣa (f)	لغة
estrangeiro	agnaby	أجنبيّ
língua (f) estrangeira	loɣa agnabiya (f)	لغة أجنبية
estudar (vt)	daras	درس
aprender (vt)	taʿallam	تعلّم
ler (vt)	ʾara	قرأ
falar (vi)	kallem	كلّم
compreender (vt)	fehem	فهم
escrever (vt)	katab	كتب
rapidamente	bosorʿa	بسرعة
devagar	bo boṭʾ	ببطء

fluentemente	beṭalāqa	بطلاقة
regras (f pl)	qawā'ed (pl)	قواعد
gramática (f)	el naḥw wel ṣarf (m)	النحو والصرف
vocabulário (m)	mofradāt el loɣa (pl)	مفردات اللغة
fonética (f)	ṣawtīāt (pl)	صوتيات
manual (m) escolar	ketāb ta'līm (m)	كتاب تعليم
dicionário (m)	qamūs (m)	قاموس
manual (m) de autoaprendizagem	ketāb ta'līm zāty (m)	كتاب تعليم ذاتي
guia (m) de conversação	ketāb lel 'ebarāt el ʃā'e'a (m)	كتاب للعبارت الشائعة
cassete (f)	kasett (m)	كاسيت
vídeo cassete (m)	ʃerī'ṭ video (m)	شريط فيديو
CD (m)	sidī (m)	سي دي
DVD (m)	dividī (m)	دي في دي
alfabeto (m)	abgadiya (f)	أبجدية
soletrar (vt)	tahagga	تهجّى
pronúncia (f)	noṭ' (m)	نطق
sotaque (m)	lahga (f)	لهجة
com sotaque	be lahga	بـ لهجة
sem sotaque	men ɣeyr lahga	من غير لهجة
palavra (f)	kelma (f)	كلمة
sentido (m)	ma'na (m)	معنى
cursos (m pl)	dawra (f)	دورة
inscrever-se (vr)	saggel esmo	سجّل إسمه
professor (m)	modarres (m)	مدرّس
tradução (processo)	targama (f)	ترجمة
tradução (texto)	targama (f)	ترجمة
tradutor (m)	motargem (m)	مترجم
intérprete (m)	motargem fawwry (m)	مترجم فوّري
poliglota (m)	'alīm be'eddet loɣāt (m)	عليم بعدّة لغات
memória (f)	zākera (f)	ذاكرة

122. Personagens de contos de fadas

Pai (m) Natal	baba neweyl (m)	بابا نويل
Cinderela (f)	sindrīla	سيندريلا
sereia (f)	'arūset el baḥr (f)	عروسة البحر
Neptuno (m)	nibtūn (m)	نبتون
mago (m)	sāḥer (m)	ساحر
fada (f)	genniya (f)	جنّيّة
mágico	seḥry	سحري
varinha (f) mágica	el 'aṣāya el seḥriya (f)	العصاية السحرية
conto (m) de fadas	ḥekāya χayaliya (f)	حكاية خيالية
milagre (m)	mo'geza (f)	معجزة

anão (m)	qazam (m)	قزم
transformar-se em ...	taḥawwal ela ...	تحوّل إلى...
fantasma (m)	ʃabaḥ (m)	شبح
espetro (m)	ʃabaḥ (m)	شبح
monstro (m)	waḥʃ (m)	وحش
dragão (m)	tennīn (m)	تنّين
gigante (m)	ʿemlāq (m)	عملاق

123. Signos do Zodíaco

Carneiro	borg el ḥaml (m)	برج الحمل
Touro	borg el sore (m)	برج الثور
Gémeos	borg el gawzāʾ (m)	برج الجوزاء
Caranguejo	borg el saraṭān (m)	برج السرطان
Leão	borg el asad (m)	برج الأسد
Virgem (f)	borg el ʿazrāʾ (m)	برج العذراء
Balança	borg el mezān (m)	برج الميزان
Escorpião	borg el ʿaʾrab (m)	برج العقرب
Sagitário	borg el qose (m)	برج القوس
Capricórnio	borg el gady (m)	برج الجدي
Aquário	borg el dalw (m)	برج الدلو
Peixes	borg el ḥūt (m)	برج الحوت
caráter (m)	ʃaχṣiya (f)	شخصية
traços (m pl) do caráter	el ṣefāt el ʃaχṣiya (pl)	الصفات الشخصية
comportamento (m)	solūk (m)	سلوك
predizer (vt)	ʾara el ṭāleʿ	قرأ الطالع
adivinha (f)	ʿarrāfa (f)	عرّافة
horóscopo (m)	tawaqqoʿāt el abrāg (pl)	توقّعات الأبراج

Artes

124. Teatro

teatro (m)	masraḥ (m)	مسرح
ópera (f)	obra (f)	أوبرا
opereta (f)	obrette (f)	أوبريت
balé (m)	baleyh (m)	باليه
cartaz (m)	molṣaq (m)	ملصق
companhia (f) teatral	fer'a (f)	فرقة
turné (digressão)	gawlet fananīn (f)	جولة فنّانين
estar em turné	tagawwal	تجوّل
ensaiar (vt)	ʿamal brova	عمل بروفة
ensaio (m)	brova (f)	بروفة
repertório (m)	barnāmeg el masraḥ (m)	برنامج المسرح
apresentação (f)	adāʾ (m)	أداء
espetáculo (m)	ʿarḍ masraḥy (m)	عرض مسرحي
peça (f)	masraḥiya (f)	مسرحيّة
bilhete (m)	tazkara (f)	تذكرة
bilheteira (f)	ʃebbāk el tazāker (m)	شبّاك التذاكر
hall (m)	ṣāla (f)	صالة
guarda-roupa (m)	ɣorfet īdāʿ el maʿāṭef (f)	غرفة إيداع المعاطف
senha (f) numerada	beṭāʾet edāʿ el maʿaṭef (f)	بطاقة إيداع المعاطف
binóculo (m)	naḍḍāra moʿaẓẓema lel obera (f)	نظارة معظمة للأوبرا
lanterninha (m)	ḥāgeb el sinema (m)	حاجب السينما
plateia (f)	karāsy el orkestra (pl)	كراسي الأوركسترا
balcão (m)	balakona (f)	بلكونة
primeiro balcão (m)	ʃorfa (f)	شرفة
camarote (m)	log (m)	لوج
fila (f)	ṣaff (m)	صفّ
assento (m)	meqʿad (m)	مقعد
público (m)	gomhūr (m)	جمهور
espetador (m)	moʃāhed (m)	مشاهد
aplaudir (vt)	ṣaffaʾ	صفّق
aplausos (m pl)	taṣfīʾ (m)	تصفيق
ovação (f)	taṣfīʾ ḥār (m)	تصفيق حار
palco (m)	xaʃabet el masraḥ (f)	خشبة المسرح
pano (m) de boca	setāra (f)	ستارة
cenário (m)	dekor (m)	ديكور
bastidores (m pl)	kawalīs (pl)	كواليس
cena (f)	maʃ-had (m)	مشهد
ato (m)	faṣl (m)	فصل
entreato (m)	estrāḥa (f)	استراحة

125. Cinema

ator (m)	momassel (m)	ممثّل
atriz (f)	momassela (f)	ممثّلة
cinema (m)	el aflām (m)	الأفلام
filme (m)	film (m)	فيلم
episódio (m)	goz' (m)	جزء
filme (m) policial	film bolīsy (m)	فيلم بوليسي
filme (m) de ação	film akʃen (m)	فيلم أكشن
filme (m) de aventuras	film moɣamarāt (m)	فيلم مغامرات
filme (m) de ficção científica	film χayāl ʿelmy (m)	فيلم خيال علمي
filme (m) de terror	film roʿb (m)	فيلم رعب
comédia (f)	film komedia (f)	فيلم كوميديا
melodrama (m)	melodrama (m)	ميلودراما
drama (m)	drama (f)	دراما
filme (m) ficcional	film χayāly (m)	فيلم خيالي
documentário (m)	film wasā'eqy (m)	فيلم وثائقي
desenho (m) animado	kartōn (m)	كرتون
cinema (m) mudo	sinema ṣāmeta (f)	سينما صامتة
papel (m)	dore (m)	دور
papel (m) principal	dore ra'īsy (m)	دور رئيسي
representar (vt)	massel	مثّل
estrela (f) de cinema	negm senamā'y (m)	نجم سينمائي
conhecido	maʿrūf	معروف
famoso	maʃ-hūr	مشهور
popular	maḥbūb	محبوب
argumento (m)	senario (m)	سيناريو
argumentista (m)	kāteb senario (m)	كاتب سيناريو
realizador (m)	moχreg (m)	مخرج
produtor (m)	monteg (m)	منتج
assistente (m)	mosāʿed (m)	مساعد
diretor (m) de fotografia	moṣawwer (m)	مصوّر
duplo (m)	mo'addy maʃāhed χaṭīra (m)	مؤدي مشاهد خطيرة
duplo (m) de corpo	momassel badīl (m)	ممثّل بديل
filmar (vt)	ṣawwar film	صوّر فيلم
audição (f)	tagreba adā' (f)	تجربة أداء
filmagem (f)	taṣwīr (m)	تصوير
equipe (f) de filmagem	ṭāqem el film (m)	طاقم الفيلم
set (m) de filmagem	mante'et taṣwīr (f)	منطقة التصوير
câmara (f)	kamera (f)	كاميرا
cinema (m)	sinema (f)	سينما
ecrã (m), tela (f)	ʃāʃa (f)	شاشة
exibir um filme	ʿaraḍ film	عرض فيلم
pista (f) sonora	mosīqa taṣweriya (f)	موسيقى تصويرية
efeitos (m pl) especiais	mo'asserāt χāṣa (pl)	مؤثّرات خاصّة

legendas (f pl)	targamet el ḥewār (f)	ترجمة الحوار
crédito (m)	ʃāret el nehāya (f)	شارة النهاية
tradução (f)	targama (f)	ترجمة

126. Pintura

arte (f)	fann (m)	فنّ
belas-artes (f pl)	fonūn gamīla (pl)	فنون جميلة
galeria (f) de arte	maʿraḍ fonūn (m)	معرض فنون
exposição (f) de arte	maʿraḍ fanny (m)	معرض فنّي
pintura (f)	lawḥa (f)	لوحة
arte (f) gráfica	fann taṣwīry (m)	فن تصويري
arte (f) abstrata	fann tagrīdy (m)	فنّ تجريدي
impressionismo (m)	el enṭebāʿiya (f)	الإنطباعيّة
pintura (f), quadro (m)	lawḥa (f)	لوحة
desenho (m)	rasm (m)	رسم
cartaz, póster (m)	boster (m)	بوستر
ilustração (f)	rasm tawḍīḥy (m)	رسم توضيحي
miniatura (f)	ṣūra moṣagɣara (f)	صورة مصغّرة
cópia (f)	nosxa (f)	نسخة
reprodução (f)	nosxa ṭebʾ el aṣl (f)	نسخة طبق الأصل
mosaico (m)	fosayfesāʾ (f)	فسيفساء
vitral (m)	ʃebbāk ʾezāz mlawwen (m)	شبّاك قزاز ملوّن
fresco (m)	taṣwīr gaṣṣy (m)	تصوير جصي
gravura (f)	naʾʃ (m)	نقش
busto (m)	temsāl neṣfy (m)	تمثال نصفي
escultura (f)	naḥt (m)	نحت
estátua (f)	temsāl (m)	تمثال
gesso (m)	gibss (m)	جيبس
em gesso	men el gebs	من الجيبس
retrato (m)	bortreyh (m)	بورتريه
autorretrato (m)	bortreyh ʃaxṣy (m)	بورتريه شخصي
paisagem (f)	lawḥet manzar ṭabeeʿy (f)	لوحة منظر طبيعي
natureza (f) morta	ṭabeeʿa ṣāmeta (f)	طبيعة صامتة
caricatura (f)	ṣūra karikatoriya (f)	صورة كاريكاتورية
esboço (m)	rasm tamhīdy (m)	رسم تمهيدي
tinta (f)	lone (m)	لون
aguarela (f)	alwān maya (m)	ألوان ميّة
óleo (m)	zeyt (m)	زيت
lápis (m)	ʾalam roṣāṣ (m)	قلم رصاص
tinta da China (f)	ḥebr hendy (m)	حبر هندي
carvão (m)	faḥm (m)	فحم
desenhar (vt)	rasam	رسم
pintar (vt)	rasam	رسم
posar (vi)	ʾaʿad	قعد
modelo (m)	modeyl ḥayī amām el rassām (m)	موديل حيّ أمام الرسّام

modelo (f)	modeyl ḥayī amām el rassām (m)	موديل حيّ أمام الرسّام
pintor (m)	rassām (m)	رسّام
obra (f)	ʿamal fanny (m)	عمل فنّي
obra-prima (f)	toḥfa faniya (f)	تحفة فنية
estúdio (m)	warʃa (f)	ورشة
tela (f)	kanava (f)	كانفا
cavalete (m)	masnad el loḥe (m)	مسند اللوح
paleta (f)	lawḥet el alwān (f)	لوحة الألوان
moldura (f)	eṭār (m)	إطار
restauração (f)	tarmīm (m)	ترميم
restaurar (vt)	rammem	رمّم

127. Literatura & Poesia

literatura (f)	adab (m)	أدب
autor (m)	moʾallef (m)	مؤلّف
pseudónimo (m)	esm mostaʿār (m)	اسم مستعار
livro (m)	ketāb (m)	كتاب
volume (m)	mogallad (m)	مجلّد
índice (m)	gadwal el moḥtawayāt (m)	جدول المحتويات
página (f)	ṣafḥa (f)	صفحة
protagonista (m)	el ʃaχṣiya el raʾesiya (f)	الشخصية الرئيسية
autógrafo (m)	tawqeeʿ el moʾallef (m)	توقيع المؤلّف
conto (m)	qeṣṣa ʾaṣīra (f)	قصّة قصيرة
novela (f)	ʾoṣṣa (f)	قصّة
romance (m)	rewāya (f)	رواية
obra (f)	moʾallef (m)	مؤلّف
fábula (m)	ḥekāya (f)	حكاية
romance (m) policial	rewāya bolesiya (f)	رواية بوليسية
poesia (obra)	ʾaṣīda (f)	قصيدة
poesia (arte)	ʃeʿr (m)	شعر
poema (m)	ʾaṣīda (f)	قصيدة
poeta (m)	ʃāʿer (m)	شاعر
ficção (f)	χayāl (m)	خيال
ficção (f) científica	χayāl ʿelmy (m)	خيال علمي
aventuras (f pl)	adab el moɣamrāt (m)	أدب المغامرات
literatura (f) didática	adab tarbawy (m)	أدب تربوي
literatura (f) infantil	adab el aṭfāl (m)	أدب الأطفال

128. Circo

circo (m)	serk (m)	سيرك
circo (m) ambulante	serk motanaʾʾel (m)	سيرك متنقّل
programa (m)	barnāmeg (m)	برنامج
apresentação (f)	adāʾ (m)	أداء

número (m)	ʿarḍ (m)	عرض
arena (f)	ḥalabet el serk (f)	حلبة السيرك
pantomima (f)	momassel īmāʾy (m)	ممثّل إيمائي
palhaço (m)	aragoze (m)	أراجوز
acrobata (m)	bahlawān (m)	بهلوان
acrobacia (f)	alʿab bahlawaniya (f)	ألعاب بهلوانية
ginasta (m)	lāʿeb gombāz (m)	لاعب جمباز
ginástica (f)	gombāz (m)	جمباز
salto (m) mortal	ḥarakāt ʃaʾlaba (pl)	حركات شقلبة
homem forte (m)	el ragl el qawy (m)	الرجل القوي
domador (m)	morawweḍ (m)	مروّض
cavaleiro (m) equilibrista	fāres (m)	فارس
assistente (m)	mosāʿed (m)	مساعد
truque (m)	ḥeyla (f)	حيلة
truque (m) de mágica	χedʿa seḥriya (f)	خدعة سحرية
mágico (m)	sāḥer (m)	ساحر
malabarista (m)	bahlawān (m)	بهلوان
fazer malabarismos	leʿeb be korāt ʿadīda	لعب بكرات عديدة
domador (m)	modarreb ḥayawanāt (m)	مدرّب حيوانات
adestramento (m)	tadrīb el ḥayawanāt (m)	تدريب الحيوانات
adestrar (vt)	darrab	درّب

129. Música. Música popular

música (f)	mosīqa (f)	موسيقى
músico (m)	ʿāzef (m)	عازف
instrumento (m) musical	ʾāla moseqiya (f)	آلة موسيقيّة
tocar ...	ʿazaf ...	عزف...
guitarra (f)	guitar (m)	جيتار
violino (m)	kamān (m)	كمان
violoncelo (m)	el tʃello (m)	التشيلو
contrabaixo (m)	kamān kebīr (m)	كمان كبير
harpa (f)	qesār (m)	قيثار
piano (m)	biano (m)	بيانو
piano (m) de cauda	biano kebīr (m)	بيانو كبير
órgão (m)	arɣan (m)	أرغن
instrumentos (m pl) de sopro	ʾālāt el nafχ (pl)	آلات النفخ
oboé (m)	mezmār (m)	مزمار
saxofone (m)	saksofon (m)	ساكسوفون
clarinete (m)	klarinet (m)	كلارنيت
flauta (f)	flute (m)	فلوت
trompete (m)	būʾ (m)	بوق
acordeão (m)	okordiōn (m)	أكورديون
tambor (m)	ṭabla (f)	طبلة
duo, dueto (m)	sonāʾy (m)	ثنائي
trio (m)	solāsy (m)	ثلاثي

quarteto (m)	robāʿy (m)	رباعي
coro (m)	korale (m)	كورال
orquestra (f)	orkestra (f)	أوركسترا
música (f) pop	mosīqa el bob (f)	موسيقى البوب
música (f) rock	mosīqa el rok (f)	موسيقى الروك
grupo (m) de rock	ferʾet el rokk (f)	فرقة الروك
jazz (m)	ʒāzz (m)	جاز
ídolo (m)	maʿbūd (m)	معبود
fã, admirador (m)	moʿgab (m)	معجب
concerto (m)	ḥafla mūsiqiya (f)	حفلة موسيقيّة
sinfonia (f)	semfoniya (f)	سمفونيّة
composição (f)	ʾeṭʿa mosiqiya (f)	قطعة موسيقيّة
compor (vt)	allaf	ألّف
canto (m)	ɣenāʾ (m)	غناء
canção (f)	oɣniya (f)	أغنيّة
melodia (f)	laḥn (m)	لحن
ritmo (m)	eqāʿ (m)	إيقاع
blues (m)	mosīqa el blues (f)	موسيقى البلوز
notas (f pl)	notāt (pl)	نوتات
batuta (f)	ʿaṣa el maystro (m)	عصا المايسترو
arco (m)	qose (m)	قوس
corda (f)	watar (m)	وتر
estojo (m)	ʃanṭa (f)	شنطة

Descanso. Entretenimento. Viagens

130. Viagens

turismo (m)	seyāḥa (f)	سياحة
turista (m)	sā'eḥ (m)	سائح
viagem (f)	reḥla (f)	رحلة
aventura (f)	moɣamra (f)	مغامرة
viagem (f)	reḥla (f)	رحلة
férias (f pl)	agāza (f)	أجازة
estar de férias	kān fi agāza	كان في أجازة
descanso (m)	estrāḥa (f)	إستراحة
comboio (m)	qeṭār, 'aṭṭr (m)	قطار
de comboio (chegar ~)	bel qeṭār - bel aṭṭr	بالقطار
avião (m)	ṭayāra (f)	طيّارة
de avião	bel ṭayāra	بالطيّارة
de carro	bel sayāra	بالسيّارة
de navio	bel safīna	بالسفينة
bagagem (f)	el ʃonaṭ (pl)	الشنط
mala (f)	ʃanṭa (f)	شنطة
carrinho (m)	'arabet ʃonaṭ (f)	عربة شنط
passaporte (m)	basbore (m)	باسبور
visto (m)	ta'ʃīra (f)	تأشيرة
bilhete (m)	tazkara (f)	تذكرة
bilhete (m) de avião	tazkara ṭayarān (f)	تذكرة طيران
guia (m) de viagem	dalīl (m)	دليل
mapa (m)	xarīṭa (f)	خريطة
local (m), area (f)	mante'a (f)	منطقة
lugar, sítio (m)	makān (m)	مكان
exotismo (m)	ɣarāba (f)	غرابة
exótico	ɣarīb	غريب
surpreendente	mod-heʃ	مدهش
grupo (m)	magmū'a (f)	مجموعة
excursão (f)	gawla (f)	جولة
guia (m)	morʃed (m)	مرشد

131. Hotel

hotel (m)	fondo' (m)	فندق
motel (m)	motel (m)	موتيل
três estrelas	talat nogūm	ثلاث نجوم

cinco estrelas	χamas nogūm	خمس نجوم
ficar (~ num hotel)	nezel	نزل
quarto (m)	oḍa (f)	أوضة
quarto (m) individual	owḍa le ʃaχṣ wāḥed (f)	أوضة لشخص واحد
quarto (m) duplo	oḍa le ʃaχṣeyn (f)	أوضة لشخصين
reservar um quarto	ḥagaz owḍa	حجز أوضة
meia pensão (f)	wagbeteyn fel yome (du)	وجبتين في اليوم
pensão (f) completa	talat wagabāt fel yome	ثلاث وجبات في اليوم
com banheira	bel banyo	بـ البانيو
com duche	bel doʃ	بالدوش
televisão (m) satélite	televizion be qanawāt faḍā'iya (m)	تليفزيون بقنوات فضائية
ar (m) condicionado	takyīf (m)	تكييف
toalha (f)	fūṭa (f)	فوطة
chave (f)	meftāḥ (m)	مفتاح
administrador (m)	modīr (m)	مدير
camareira (f)	ʿāmela tandīf ɣoraf (f)	عاملة تنظيف غرف
bagageiro (m)	ʃayāl (m)	شيّال
porteiro (m)	bawwāb (m)	بوّاب
restaurante (m)	maṭʿam (m)	مطعم
bar (m)	bār (m)	بار
pequeno-almoço (m)	foṭūr (m)	فطور
jantar (m)	ʿaʃāʾ (m)	عشاء
buffet (m)	bofeyh (m)	بوفيه
hall (m) de entrada	rad-ha (f)	ردهة
elevador (m)	asanseyr (m)	اسانسير
NÃO PERTURBE	nargu ʿadam el ezʿāg	نرجو عدم الإزعاج
PROIBIDO FUMAR!	mamnūʿ el tadχīn	ممنوع التدخين

132. Livros. Leitura

livro (m)	ketāb (m)	كتاب
autor (m)	moʾallef (m)	مؤلّف
escritor (m)	kāteb (m)	كاتب
escrever (vt)	allaf	ألّف
leitor (m)	qāreʾ (m)	قارئ
ler (vt)	ʾara	قرأ
leitura (f)	qerāʾa (f)	قراءة
para si	beṣamt	بصمت
em voz alta	beṣote ʿāly	بصوت عالي
publicar (vt)	naʃar	نشر
publicação (f)	naʃr (m)	نشر
editor (m)	nāʃer (m)	ناشر
editora (f)	dar el ṭebāʿa wel naʃr (f)	دار الطباعة والنشر

sair (vi)	ṣadar	صدر
lançamento (m)	ṣodūr (m)	صدور
tiragem (f)	ʿadad el nosaχ (m)	عدد النسخ
livraria (f)	maḥal kotob (m)	محل كتب
biblioteca (f)	maktaba (f)	مكتبة
novela (f)	ʾoṣṣa (f)	قصّة
conto (m)	qeṣṣa ʾaṣīra (f)	قصّة قصيرة
romance (m)	rewāya (f)	رواية
romance (m) policial	rewāya bolesiya (f)	رواية بوليسية
memórias (f pl)	mozakkerāt (pl)	مذكّرات
lenda (f)	osṭūra (f)	أسطورة
mito (m)	χorāfa (f)	خرافة
poesia (f)	ʃeʿr (m)	شعر
autobiografia (f)	sīret ḥayah (f)	سيرة حياة
obras (f pl) escolhidas	muχtarāt (pl)	مختارات
ficção (f) científica	χayāl ʿelmy (m)	خيال علمي
título (m)	ʿenwān (m)	عنوان
introdução (f)	moqaddema (f)	مقدّمة
folha (f) de rosto	ṣafḥet ʿenwān (f)	صفحة العنوان
capítulo (m)	faṣl (m)	فصل
excerto (m)	χolāṣa (f)	خلاصة
episódio (m)	maʃ-had (m)	مشهد
tema (m)	ḥabka (f)	حبكة
conteúdo (m)	moḥtawayāt (pl)	محتويات
índice (m)	gadwal el moḥtawayāt (m)	جدوّل المحتويات
protagonista (m)	el ʃaχṣiya el raʾesiya (f)	الشخصية الرئيسية
tomo, volume (m)	mogallad (m)	مجلّد
capa (f)	ɣelāf (m)	غلاف
encadernação (f)	taglīd (m)	تجليد
marcador (m) de livro	ʃerīʾṭ (m)	شريط
página (f)	ṣafḥa (f)	صفحة
folhear (vt)	ʾalleb el ṣafaḥāt	قلّب الصفحات
margem (f)	hāmeʃ (m)	هامش
anotação (f)	molaḥza (f)	ملاحظة
nota (f) de rodapé	molaḥza (f)	ملاحظة
texto (m)	noṣṣ (m)	نصّ
fonte (f)	nūʿ el χaṭṭ (m)	نوع الخطّ
gralha (f)	χaṭaʾ maṭbaʿy (m)	خطأ مطبعيّ
tradução (f)	targama (f)	ترجمة
traduzir (vt)	targem	ترجم
original (m)	aṣliya (f)	أصلية
famoso	maʃ-hūr	مشهور
desconhecido	meʃ maʿrūf	مش معروف
interessante	moʃawweq	مشوّق

best-seller (m)	aktar mabee'an (m)	أكثر مبيعاً
dicionário (m)	qamūs (m)	قاموس
manual (m) escolar	ketāb ta'līm (m)	كتاب تعليم
enciclopédia (f)	ensayklopedia (f)	إنسيكلوبيديا

133. Caça. Pesca

caça (f)	ṣeyd (m)	صيد
caçar (vi)	eṣṭād	إصطاد
caçador (m)	ṣayād (m)	صيّاد
atirar (vi)	ḍarab bel nār	ضرب بالنار
caçadeira (f)	bondoqiya (f)	بندقيّة
cartucho (m)	roṣāṣa (f)	رصاصة
chumbo (m) de caça	'eyār (m)	عيار
armadilha (f)	maṣyada (f)	مصيّدة
armadilha (com corda)	fakχ (m)	فخّ
cair na armadilha	we'e' fe fakχ	وقع في فخّ
pôr a armadilha	naṣb fakχ	نصب فخّ
caçador (m) furtivo	sāre' el ṣeyd (m)	سارق الصيد
caça (f)	ṣeyd (m)	صيد
cão (m) de caça	kalb ṣeyd (m)	كلب صيد
safári (m)	safāry (m)	سفاري
animal (m) empalhado	ḥayawān moḥannaṭ (m)	حيوان محنّط
pescador (m)	ṣayād el samak (m)	صيّاد السمك
pesca (f)	ṣeyd el samak (m)	صيد السمك
pescar (vt)	eṣṭād samak	إصطاد سمك
cana (f) de pesca	ṣennāra (f)	صنّارة
linha (f) de pesca	χeyṭ (m)	خيط
anzol (m)	ʃaṣ el garīma (m)	شص الصيد
boia (f)	'awwāma (f)	عوّامة
isca (f)	ṭa'm (m)	طعم
lançar a linha	ṭaraḥ el ṣennāra	طرح الصنّارة
morder (vt)	'aḍḍ	عض
pesca (f)	el samak el moṣṭād (m)	السمك المصطاد
buraco (m) no gelo	fat-ḥa fel galīd (f)	فتحة في الجليد
rede (f)	ʃabaket el ṣeyd (f)	شبكة الصيد
barco (m)	markeb (m)	مركب
pescar com rede	eṣṭād bel ʃabaka	إصطاد بالشبكة
lançar a rede	rama ʃabaka	رمى شبكة
puxar a rede	aχrag ʃabaka	أخرج شبكة
cair nas malhas	we'e' fe ʃabaka	وقع في شبكة
baleeiro (m)	ṣayād el ḥūt (m)	صيّاد الحوت
baleeira (f)	safīna ṣeyd ḥitān (f)	سفينة صيد الحيتان
arpão (m)	ḥerba (f)	حربة

134. Jogos. Bilhar

bilhar (m)	bilyardo (m)	بلياردو
sala (f) de bilhar	qā'a bilyardo (m)	قاعة بلياردو
bola (f) de bilhar	kora (f)	كرة
embolsar uma bola	dakχal kora	دخّل كرة
taco (m)	'aṣāyet bilyardo (f)	عصاية بلياردو
caçapa (f)	geyb bilyardo (m)	جيب بلياردو

135. Jogos. Jogar cartas

ouros (m pl)	el dinary (m)	الديناري
espadas (f pl)	el bastūny (m)	البستوني
copas (f pl)	el koba (f)	الكوبة
paus (m pl)	el sebāty (m)	السباتي
ás (m)	'āss (m)	آس
rei (m)	malek (m)	ملك
dama (f)	maleka (f)	ملكة
valete (m)	walad (m)	ولد
carta (f) de jogar	wara'a (f)	ورقة
cartas (f pl)	wara' (m)	ورق
trunfo (m)	wara'a rābeḥa (f)	ورقة رابحة
baralho (m)	desta wara' 'enab (f)	دستة ورق اللعب
ponto (m)	nu'ṭa (f)	نقطة
dar, distribuir (vt)	farra'	فرّق
embaralhar (vt)	χalaṭ	خلط
vez, jogada (f)	dore (m)	دور
batoteiro (m)	moḥtāl fel 'omār (m)	محتال في القمار

136. Descanso. Jogos. Diversos

passear (vi)	tamasʃa	تمشّى
passeio (m)	tamʃeya (f)	تمشيّة
viagem (f) de carro	gawla bel sayāra (f)	جولة بالسيّارة
aventura (f)	moɣamra (f)	مغامرة
piquenique (m)	nozha (f)	نزهة
jogo (m)	le'ba (f)	لعبة
jogador (m)	lā'eb (m)	لاعب
partida (f)	dore (m)	دور
colecionador (m)	gāme' (m)	جامع
colecionar (vt)	gamma'	جمّع
coleção (f)	magmū'a (f)	مجموعة
palavras (f pl) cruzadas	kalemāt motaqaṭ'a (pl)	كلمات متقاطعة
hipódromo (m)	ḥalabet el sebā' (f)	حلبة السباق

discoteca (f)	disko (m)	ديسكو
sauna (f)	sauna (f)	ساونا
lotaria (f)	yanaṣīb (m)	يانصيب
campismo (m)	reḥlet taχyīm (f)	رحلة تخييم
acampamento (m)	moχayam (m)	مخيّم
tenda (f)	χeyma (f)	خيمة
bússola (f)	boṣla (f)	بوصلة
campista (m)	moχayam (m)	مخيّم
ver (vt), assistir à ...	ʃāhed	شاهد
telespectador (m)	moʃāhed (m)	مشاهد
programa (m) de TV	barnāmeg televiziony (m)	برنامج تليفزيوني

137. Fotografia

máquina (f) fotográfica	kamera (f)	كاميرا
foto, fotografia (f)	ṣūra (f)	صورة
fotógrafo (m)	moṣawwer (m)	مصوّر
estúdio (m) fotográfico	estudio taṣwīr (m)	إستوديو تصوير
álbum (m) de fotografias	albūm el ṣewar (m)	ألبوم الصور
objetiva (f)	ʿadaset kamera (f)	عدسة الكاميرا
teleobjetiva (f)	ʿadasa teleskopiya (f)	عدسة تلسكوبيّة
filtro (m)	filter (m)	فلتر
lente (f)	ʿadasa (f)	عدسة
ótica (f)	baṣrīāt (pl)	بصريات
abertura (f)	saddāda (f)	سدّادة
exposição (f)	moddet el taʿarroḍ (f)	مدّة التعرض
visor (m)	el ʿeyn el faḥeṣa (f)	العين الفاحصة
câmara (f) digital	kamera diʒital (f)	كاميرا ديجيتال
tripé (m)	tribod (m)	ترايبود
flash (m)	flāʃ (m)	فلاش
fotografar (vt)	ṣawwar	صوّر
tirar fotos	ṣawwar	صوّر
fotografar-se	etṣawwar	إتصوّر
foco (m)	tarkīz (m)	تركيز
focar (vt)	rakkez	ركّز
nítido	ḥādda	حادّة
nitidez (f)	ḥedda (m)	حدّة
contraste (m)	tabāyon (m)	تباين
contrastante	motabāyen	متباين
retrato (m)	ṣūra (f)	صورة
negativo (m)	el nosχa el salba (f)	النسخة السالبة
filme (m)	film (m)	فيلم
fotograma (m)	eṭār (m)	إطار
imprimir (vt)	ṭabaʿ	طبع

138. Praia. Natação

praia (f)	ʃāṭe' (m)	شاطئ
areia (f)	raml (m)	رمل
deserto	mahgūr	مهجور
bronzeado (m)	esmerār el baʃra (m)	إسمرار البشرة
bronzear-se (vr)	etʃammes	إتشمّس
bronzeado	asmar	أسمر
protetor (m) solar	krīm wāqy men el ʃams (m)	كريم واقي من الشمس
biquíni (m)	bikini (m)	بكيني
fato (m) de banho	mayo (m)	مايّوه
calção (m) de banho	mayo regāly (m)	مايّوه رجالي
piscina (f)	ḥammām sebāḥa (m)	حمّام سباحة
nadar (vi)	'ām, sabaḥ	عام, سبح
duche (m)	doʃ (m)	دوش
mudar de roupa	ɣayar lebso	غيّر لبسه
toalha (f)	fūṭa (f)	فوطة
barco (m)	markeb (m)	مركب
lancha (f)	lunʃ (m)	لنش
esqui (m) aquático	tazallog 'alal mā' (m)	تزلّج على الماء
barco (m) de pedais	el baddāl (m)	البدّال
surf (m)	surfing (m)	سيرفينج
surfista (m)	rākeb el amwāg (m)	راكب الأمواج
equipamento (m) de mergulho	gehāz el tanaffos (m)	جهاز التنفّس
barbatanas (f pl)	za'ānef el sebāḥa (pl)	زعانف السباحة
máscara (f)	kamāma (f)	كمامة
mergulhador (m)	ɣawwāṣ (m)	غوّاص
mergulhar (vi)	ɣāṣ	غاص
debaixo d'água	taḥt el maya	تحت المايّة
guarda-sol (m)	ʃamsiya (f)	شمسيّة
espreguiçadeira (f)	korsy blāʒ (m)	كرسي بلاج
óculos (m pl) de sol	naḍḍāret ʃams (f)	نضّارة شمس
colchão (m) de ar	martaba hawa'iya (f)	مرتبة هوائية
brincar (vi)	le'eb	لعب
ir nadar	sebeḥ	سبح
bola (f) de praia	koret ʃaṭṭ (f)	كرة شطّ
encher (vt)	nafaχ	نفخ
inflável, de ar	qābel lel nafχ	قابل للنفخ
onda (f)	mouga (f)	موجة
boia (f)	ʃamandūra (f)	شمندورة
afogar-se (pessoa)	ɣere'	غرق
salvar (vt)	anqaz	أنقذ
colete (m) salva-vidas	sotret nagah (f)	سترة نجاة
observar (vt)	rāqab	راقب
nadador-salvador (m)	ḥāres ʃāṭe' (m)	حارس شاطئ

EQUIPAMENTO TÉCNICO. TRANSPORTES

Equipamento técnico. Transportes

139. Computador

computador (m)	kombuter (m)	كمبيوتر
portátil (m)	lab tob (m)	لابتوب
ligar (vt)	fataḥ, ʃagɣal	فتح, شغّل
desligar (vt)	ṭaffa	طفّى
teclado (m)	lawḥet el mafatīḥ (f)	لوحة المفاتيح
tecla (f)	meftāḥ (m)	مفتاح
rato (m)	maws (m)	ماوس
tapete (m) de rato	maws bād (m)	ماوس باد
botão (m)	zerr (m)	زرّ
cursor (m)	moʾasʃer (m)	مؤشّر
monitor (m)	ʃāʃa (f)	شاشة
ecrã (m)	ʃāʃa (f)	شاشة
disco (m) rígido	hard disk (m)	هارد ديسك
capacidade (f) do disco rígido	seʿet el hard disk (f)	سعة الهارد ديسك
memória (f)	zākera (f)	ذاكرة
memória RAM (f)	zākerat el woṣūl el ʿaʃwāʾy (f)	ذاكرة الوصول العشوائي
ficheiro (m)	malaff (m)	ملفّ
pasta (f)	ḥāfeza (m)	حافظة
abrir (vt)	fataḥ	فتح
fechar (vt)	ʾafal	قفل
guardar (vt)	ḥafaẓ	حفظ
apagar, eliminar (vt)	masaḥ	مسح
copiar (vt)	nasaχ	نسخ
ordenar (vt)	ṣannaf	صنّف
copiar (vt)	naʾal	نقل
programa (m)	barnāmeg (m)	برنامج
software (m)	barmagīāt (pl)	برمجيّات
programador (m)	mobarmeg (m)	مبرمج
programar (vt)	barmag	برمج
hacker (m)	haker (m)	هاكر
senha (f)	kelmet el serr (f)	كلمة السرّ
vírus (m)	virūs (m)	فيروس
detetar (vt)	laʾa	لقى
byte (m)	byte (m)	بايت

megabyte (m)	megabayt (m)	ميجا بايت
dados (m pl)	bayanāt (pl)	بيانات
base (f) de dados	qa'edet bayanāt (f)	قاعدة بيانات
cabo (m)	kabl (m)	كابل
desconectar (vt)	faṣal	فصل
conetar (vt)	waṣṣal	وصّل

140. Internet. E-mail

internet (f)	internet (m)	إنترنت
browser (m)	motaṣaffeḥ (m)	متصفّح
motor (m) de busca	moḥarrek baḥs (m)	محرك بحث
provedor (m)	ʃerket el internet (f)	شركة الإنترنت
webmaster (m)	modīr el mawqe' (m)	مدير الموقع
website, sítio web (m)	mawqe' elektrony (m)	موقع الكتروني
página (f) web	ṣafḥet web (f)	صفحة ويب
endereço (m)	'enwān (m)	عنوان
livro (m) de endereços	daftar el 'anawīn (m)	دفتر العناوين
caixa (f) de correio	ṣandū' el barīd (m)	صندوق البريد
correio (m)	barīd (m)	بريد
cheia (caixa de correio)	mumtali'	ممتلىء
mensagem (f)	resāla (f)	رسالة
mensagens (f pl) recebidas	rasa'el wārda (pl)	رسائل واردة
mensagens (f pl) enviadas	rasa'el ṣādra (pl)	رسائل صادرة
remetente (m)	morsel (m)	مرسل
enviar (vt)	arsal	أرسل
envio (m)	ersāl (m)	إرسال
destinatário (m)	morsel elayh (m)	مرسل إليه
receber (vt)	estalam	إستلم
correspondência (f)	morasla (f)	مراسلة
corresponder-se (vr)	tarāsal	تراسل
ficheiro (m)	malaff (m)	ملفّ
fazer download, baixar	ḥammel	حمّل
criar (vt)	'amal	عمل
apagar, eliminar (vt)	masaḥ	مسح
eliminado	mamsūḥ	ممسوح
conexão (f)	etteṣāl (m)	إتّصال
velocidade (f)	sor'a (f)	سرعة
modem (m)	modem (m)	مودم
acesso (m)	woṣūl (m)	وصول
porta (f)	maχrag (m)	مخرج
conexão (f)	etteṣāl (m)	إتّصال
conetar (vi)	yuwṣel	يوصل
escolher (vt)	eχtār	إختار
buscar (vt)	baḥs	بحث

Transportes

141. Avião

avião (m)	ṭayāra (f)	طيّارة
bilhete (m) de avião	tazkara ṭayarān (f)	تذكرة طيران
companhia (f) aérea	ʃerket ṭayarān (f)	شركة طيران
aeroporto (m)	maṭār (m)	مطار
supersónico	χāreq lel ṣote	خارق للصوت
comandante (m) do avião	kabten (m)	كابتن
tripulação (f)	ṭa'm (m)	طقم
piloto (m)	ṭayār (m)	طيّار
hospedeira (f) de bordo	moḍīfet ṭayarān (f)	مضيفة طيران
copiloto (m)	mallāḥ (m)	ملّاح
asas (f pl)	agneḥa (pl)	أجنحة
cauda (f)	deyl (m)	ذيل
cabine (f) de pilotagem	kabīna (f)	كابينة
motor (m)	motore (m)	موتور
trem (m) de aterragem	ʿagalāt el hobūṭ (pl)	عجلات الهبوط
turbina (f)	torbīna (f)	توربينة
hélice (f)	marwaḥa (f)	مروحة
caixa-preta (f)	mosaggel el ṭayarān (m)	مسجّل الطيران
coluna (f) de controlo	moqawwed el ṭayāra (m)	مقوّد الطيّارة
combustível (m)	woqūd (m)	وقود
instruções (f pl) de segurança	beṭā'et el salāma (f)	بطاقة السلامة
máscara (f) de oxigénio	mask el oksyʒīn (m)	ماسك الاوكسيجين
uniforme (m)	zayī muwaḥḥad (m)	زيّ موحّد
colete (m) salva-vidas	sotret nagah (f)	سترة نجاة
paraquedas (m)	baraʃot (m)	باراشوت
descolagem (f)	eqlāʿ (m)	إقلاع
descolar (vi)	aqlaʿet	أقلعت
pista (f) de descolagem	modarrag el ṭa'erāṭ (m)	مدرّج الطائرات
visibilidade (f)	ro'ya (f)	رؤية
voo (m)	ṭayarān (m)	طيران
altura (f)	ertefāʿ (m)	إرتفاع
poço (m) de ar	geyb hawā'y (m)	جيب هوائي
assento (m)	meqʿad (m)	مقعد
auscultadores (m pl)	sammaʿāt ra'siya (pl)	سمّاعات رأسية
mesa (f) rebatível	ṣeniya qabela lel ṭayī (f)	صينية قابلة للطيّ
vigia (f)	ʃebbāk el ṭayāra (m)	شبّاك الطيّارة
passagem (f)	mamarr (m)	ممرّ

142. Comboio

comboio (m)	qeṭār, 'aṭṭr (m)	قطار
comboio (m) suburbano	qeṭār rokkāb (m)	قطار ركّاب
comboio (m) rápido	qeṭār saree' (m)	قطار سريع
locomotiva (f) diesel	qāṭeret dīzel (f)	قاطرة ديزل
locomotiva (f) a vapor	qāṭera boxariya (f)	قاطرة بخاريّة
carruagem (f)	'araba (f)	عربة
carruagem restaurante (f)	'arabet el ṭa'ām (f)	عربة الطعام
carris (m pl)	qoḍbān (pl)	قضبان
caminho de ferro (m)	sekka ḥadīdiya (f)	سكّة حديديّة
travessa (f)	'āreḍa sekket ḥadīd (f)	عارضة سكّة الحديد
plataforma (f)	raṣīf (m)	رصيف
linha (f)	xaṭṭ (m)	خطّ
semáforo (m)	semafore (m)	سيمافور
estação (f)	maḥaṭṭa (f)	محطّة
maquinista (m)	sawwā' (m)	سوّاق
bagageiro (m)	ʃayāl (m)	شيّال
hospedeiro, -a (da carruagem)	mas'ūl 'arabet el qeṭār (m)	مسؤول عربة القطار
passageiro (m)	rākeb (m)	راكب
revisor (m)	kamsary (m)	كمسري
corredor (m)	mamarr (m)	ممرّ
freio (m) de emergência	farāmel el ṭawāre' (pl)	فرامل الطوارئ
compartimento (m)	ɣorfa (f)	غرفة
cama (f)	serīr (m)	سرير
cama (f) de cima	serīr 'olwy (m)	سرير علوّي
cama (f) de baixo	serīr sofly (m)	سرير سفلي
roupa (f) de cama	aɣṭeyet el serīr (pl)	أغطيّة السرير
bilhete (m)	tazkara (f)	تذكرة
horário (m)	gadwal (m)	جدوّل
painel (m) de informação	lawḥet ma'lomāt (f)	لوحة معلومات
partir (vt)	ɣādar	غادر
partida (f)	moɣadra (f)	مغادرة
chegar (vi)	weṣel	وصل
chegada (f)	woṣūl (m)	وصول
chegar de comboio	weṣel bel qeṭār	وصل بالقطار
apanhar o comboio	rekeb el qeṭār	ركب القطار
sair do comboio	nezel men el qeṭār	نزل من القطار
acidente (m) ferroviário	ḥeṭām qeṭār (m)	حطام قطار
descarrilar (vi)	xarag 'an xaṭṭ sīru	خرج عن خطّ سيره
locomotiva (f) a vapor	qāṭera boxariya (f)	قاطرة بخاريّة
fogueiro (m)	'atʃagy (m)	عطشجي
fornalha (f)	forn el moḥarrek (m)	فرن المحرّك
carvão (m)	faḥm (m)	فحم

143. Barco

navio (m)	safīna (f)	سفينة
embarcação (f)	safīna (f)	سفينة
vapor (m)	baχera (f)	باخرة
navio (m)	baχera nahriya (f)	باخرة نهرية
transatlântico (m)	safīna seyaḥiya (f)	سفينة سياحيّة
cruzador (m)	ṭarrād safīna baḥariya (m)	طرّاد سفينة بحريّة
iate (m)	yaχt (m)	يخت
rebocador (m)	qāṭera baḥariya (f)	قاطرة بحريّة
barcaça (f)	ṣandal (m)	صندل
ferry (m)	ʿabbāra (f)	عبّارة
veleiro (m)	safīna ʃeraʿiya (m)	سفينة شراعيّة
bergantim (m)	markeb ʃerāʿy (m)	مركب شراعي
quebra-gelo (m)	moḥaṭṭemet galīd (f)	محطّمة جليد
submarino (m)	ɣawwāṣa (f)	غوّاصة
bote, barco (m)	markeb (m)	مركب
bote, dingue (m)	zawraʾ (m)	زورق
bote (m) salva-vidas	qāreb nagah (m)	قارب نجاة
lancha (f)	lunʃ (m)	لنش
capitão (m)	ʾobṭān (m)	قبطان
marinheiro (m)	baḥḥār (m)	بحّار
marujo (m)	baḥḥār (m)	بحّار
tripulação (f)	ṭāqem (m)	طاقم
contramestre (m)	rabbān (m)	ربّان
grumete (m)	ṣaby el safīna (m)	صبي السفينة
cozinheiro (m) de bordo	ṭabbāχ (m)	طبّاخ
médico (m) de bordo	ṭabīb el safīna (m)	طبيب السفينة
convés (m)	saṭ-ḥ el safīna (m)	سطح السفينة
mastro (m)	sāreya (f)	سارية
vela (f)	ʃerāʿ (m)	شراع
porão (m)	ʿanbar (m)	عنبر
proa (f)	moʾaddema (m)	مقدّمة
popa (f)	moʾaχeret el safīna (f)	مؤخّرة السفينة
remo (m)	megdāf (m)	مجداف
hélice (f)	marwaḥa (f)	مروحة
camarote (m)	kabīna (f)	كابينة
sala (f) dos oficiais	ɣorfet el ṭaʿām wel rāḥa (f)	غرفة الطعام والراحة
sala (f) das máquinas	qesm el ʾālāt (m)	قسم الآلات
ponte (m) de comando	borg el qeyāda (m)	برج القيادة
sala (f) de comunicações	ɣorfet el lāselky (f)	غرفة اللاسلكي
onda (f) de rádio	mouga (f)	موجة
diário (m) de bordo	segel el safīna (m)	سجل السفينة
luneta (f)	monzār (m)	منظار
sino (m)	garas (m)	جرس

bandeira (f)	ʿalam (m)	علم
cabo (m)	ḥabl (m)	حبل
nó (m)	ʿoʾda (f)	عقدة
corrimão (m)	drabzīn saṭ-ḥ el safīna (m)	درابزين سطح السفينة
prancha (f) de embarque	sellem (m)	سلّم
âncora (f)	marsāh (f)	مرساة
recolher a âncora	rafaʿ morsah	رفع مرساة
lançar a âncora	rasa	رسا
amarra (f)	selselet morsah (f)	سلسلة مرساة
porto (m)	mināʾ (m)	ميناء
cais, amarradouro (m)	marsa (m)	مرسى
atracar (vi)	rasa	رسا
desatracar (vi)	aqlaʿ	أقلع
viagem (f)	reḥla (f)	رحلة
cruzeiro (m)	reḥla baḥariya (f)	رحلة بحريّة
rumo (m), rota (f)	masār (m)	مسار
itinerário (m)	ṭarīʾ (m)	طريق
canal (m) navegável	magra melāḥy (m)	مجرى ملاحيّ
banco (m) de areia	meyāh ḍaḥla (f)	مياه ضحلة
encalhar (vt)	ganaḥ	جنح
tempestade (f)	ʿāṣefa (f)	عاصفة
sinal (m)	eʃara (f)	إشارة
afundar-se (vr)	ɣereʾ	غرق
Homem ao mar!	saʾaṭ rāgil min el sefīna!	سقط راجل من السفينة!
SOS	nedāʾ eɣāsa (m)	نداء إغاثة
boia (f) salva-vidas	ṭoʾe nagah (m)	طوق نجاة

144. Aeroporto

aeroporto (m)	maṭār (m)	مطار
avião (m)	ṭayāra (f)	طيّارة
companhia (f) aérea	ʃerket ṭayarān (f)	شركة طيران
controlador (m) de tráfego aéreo	marākeb el ḥaraka el gawiya (m)	مراكب الحركة الجويّة
partida (f)	moɣadra (f)	مغادرة
chegada (f)	woṣūl (m)	وصول
chegar (~ de avião)	weṣel	وصل
hora (f) de partida	waʾt el moɣadra (m)	وقت المغادرة
hora (f) de chegada	waʾt el woṣūl (m)	وقت الوصول
estar atrasado	taʾakχar	تأخّر
atraso (m) de voo	taʾaχor el reḥla (m)	تأخّر الرحلة
painel (m) de informação	lawḥet el maʿlomāt (f)	لوحة المعلومات
informação (f)	esteʿlamāt (pl)	إستعلامات
anunciar (vt)	aʿlan	أعلن

voo (m)	reḥlet ṭayarān (f)	رحلة طيران
alfândega (f)	gamārek (pl)	جمارك
funcionário (m) da alfândega	mowazzaf el gamārek (m)	موظّف الجمارك
declaração (f) alfandegária	taṣrīḥ gomroky (m)	تصريح جمركي
preencher (vt)	mala	ملا
preencher a declaração	mala el taṣrīḥ	ملأ التصريح
controlo (m) de passaportes	taftīʃ el gawazāt (m)	تفتيش الجوازات
bagagem (f)	el ʃonaṭ (pl)	الشنط
bagagem (f) de mão	ʃonaṭ el yad (pl)	شنط اليد
carrinho (m)	ʿarabet ʃonaṭ (f)	عربة شنط
aterragem (f)	hobūṭ (m)	هبوط
pista (f) de aterragem	mamarr el hobūṭ (m)	ممرّ الهبوط
aterrar (vi)	habaṭ	هبط
escada (f) de avião	sellem el ṭayāra (m)	سلّم الطيّارة
check-in (m)	tasgīl (m)	تسجيل
balcão (m) do check-in	makān tasgīl (m)	مكان تسجيل
fazer o check-in	saggel	سجّل
cartão (m) de embarque	beṭāqet el rokūb (f)	بطاقة الركوب
porta (f) de embarque	bawwābet el moɣadra (f)	بوّابة المغادرة
trânsito (m)	tranzīt (m)	ترانزيت
esperar (vi, vt)	estanna	إستنّى
sala (f) de espera	ṣālet el moɣadra (f)	صالة المغادرة
despedir-se de ...	waddaʿ	ودّع
despedir-se (vr)	waddaʿ	ودّع

145. Bicicleta. Motocicleta

bicicleta (f)	beskeletta (f)	بيسكلتّة
scotter, lambreta (f)	fezba (f)	فزبة
mota (f)	motosekl (m)	موتوسيكل
ir de bicicleta	rāḥ bel beskeletta	راح بالبسكلتّة
guiador (m)	moqawwed (m)	مقوّد
pedal (m)	dawwāsa (f)	دوّاسة
travões (m pl)	farāmel (pl)	فرامل
selim (m)	korsy (m)	كرسي
bomba (f) de ar	ṭolommba (f)	طلمبة
porta-bagagens (m)	raff el amteʿa (m)	رفّ الأمتعة
lanterna (f)	el meṣbāḥ el amāmy (m)	المصباح الأمامي
capacete (m)	χawza (f)	خوذة
roda (f)	ʿagala (f)	عجلة
guarda-lamas (m)	refrāf (m)	رفراف
aro (m)	eṭār (m)	إطار
raio (m)	mekbaḥ el ʿagala (m)	مكبح العجلة

Carros

146. Tipos de carros

carro, automóvel (m)	sayāra (f)	سيّارة
carro (m) desportivo	sayāra reyāḍiya (f)	سيّارة رياضيّة
limusine (f)	limozīn (m)	ليموزين
todo o terreno (m)	sayāret ṭoro' wa'ra (f)	سيّارة طرق وعرة
descapotável (m)	kabryoleyh (m)	كابريوليه
minibus (m)	mikrobāṣ (m)	ميكروباص
ambulância (f)	es'āf (m)	إسعاف
limpa-neve (m)	garrāfet talg (f)	جرّافة ثلج
camião (m)	ʃāḥena (f)	شاحنة
camião-cisterna (m)	nāqelet betrūl (f)	ناقلة بترول
carrinha (f)	'arabiyet na'l (f)	عربيّة نقل
camião-trator (m)	garrār (m)	جرّار
atrelado (m)	ma'ṭūra (f)	مقطورة
confortável	morīḥ	مريح
usado	mosta'mal	مستعمل

147. Carros. Carroçaria

capô (m)	kabbūt (m)	كبّوت
guarda-lamas (m)	refrāf (m)	رفراف
tejadilho (m)	sa'f (m)	سقف
para-brisa (m)	ezāz amāmy (f)	إزاز أمامي
espelho (m) retrovisor	merāya daχeliya (f)	مراية داخلية
lavador (m)	monazzef el ezāz el amāmy (m)	منظّف الإزاز الأمامي
limpa-para-brisas (m)	massāḥāt (pl)	مسّاحات
vidro (m) lateral	ʃebbāk gāneby (m)	شبّاك جانبي
elevador (m) do vidro	ezāz kahrabā'y (m)	إزاز كهربائي
antena (f)	hawā'y (m)	هوائي
teto solar (m)	fat-ḥet el sa'f (f)	فتحة السقف
para-choques (m pl)	ekṣedām (m)	اكصدام
bagageira (f)	ʃanṭet el 'arabiya (f)	شنطة العربيّة
bagageira (f) de tejadilho	raff sa'f el 'arabiya (m)	رفّ سقف العربيّة
porta (f)	bāb (m)	باب
maçaneta (f)	okret el bāb (f)	اوكرة الباب
fechadura (f)	'efl el bāb (m)	قفل الباب
matrícula (f)	lawḥet raqam el sayāra (f)	لوحة رقم السيارة

silenciador (m)	kātem lel ṣote (m)	كاتم للصوت
tanque (m) de gasolina	χazzān el banzīn (m)	خزّان البنزين
tubo (m) de escape	anbūb el ʿādem (m)	أنبوب العادم
acelerador (m)	ɣāz (m)	غاز
pedal (m)	dawwāsa (f)	دوّاسة
pedal (m) do acelerador	dawwāset el banzīn (f)	دوّاسة البنزين
travão (m)	farāmel (pl)	فرامل
pedal (m) do travão	dawwāset el farāmel (m)	دوّاسة الفرامل
travar (vt)	farmel	فرمل
travão (m) de mão	farāmel el enteẓār (pl)	فرامل الإنتظار
embraiagem (f)	klatʃ (m)	كلتش
pedal (m) da embraiagem	dawwāset el klatʃ (f)	دوّاسة الكلتش
disco (m) de embraiagem	ʾorṣ el klatʃ (m)	قرص الكلتش
amortecedor (m)	momtaṣṣ lel ṣadamāt (m)	ممتصّ للصدمات
roda (f)	ʿagala (f)	عجلة
pneu (m) sobresselente	ʿagala eḥteyāṭy (f)	عجلة إحتياطية
pneu (m)	eṭār (m)	إطار
tampão (m) de roda	ṭīs (m)	طيس
rodas (f pl) motrizes	ʿagalāt el qeyāda (pl)	عجلات القيادة
de tração dianteira	dafʿ amāmy (m)	دفع أمامي
de tração traseira	dafʿ χalfy (m)	دفع خلفي
de tração às 4 rodas	dafʿ kāmel (m)	دفع كامل
caixa (f) de mudanças	gearboks (m)	جير بوكس
automático	otomatīky	أوتوماتيكي
mecânico	mikanīky	ميكانيكي
alavanca (f) das mudanças	meqbaḍ nāqel lel ḥaraka (m)	مقبض ناقل الحركة
farol (m)	el meṣbāḥ el amāmy (m)	المصباح الأمامي
faróis, luzes	el maṣabīḥ el amamiya (pl)	المصابيح الأمامية
médios (m pl)	nūr moʾaʃer monχafeḍ (pl)	نور مؤشر منخفض
máximos (m pl)	nūr moʾasʃer ʿāly (m)	نور مؤشر عالي
luzes (f pl) de stop	nūr el farāmel (m)	نور الفرامل
mínimos (m pl)	lambet el enteẓār (f)	لمبة الإنتظار
luzes (f pl) de emergência	eʃārāt el taḥzīr (pl)	إشارات التحذير
faróis (m pl) antinevoeiro	kasʃāf el ḍabāb (m)	كشّاف الضباب
pisca-pisca (m)	eʃāret el enʿeṭāf (f)	إشارة الإنعطاف
luz (f) de marcha atrás	ḍūʾ el rogūʿ lel χalf (m)	ضوء الرجوع للخلف

148. Carros. Habitáculo

interior (m) do carro	ṣalone el sayāra (m)	صالون السيارة
de couro, de pele	men el geld	من الجلد
de veludo	men el moχmal	من المخمل
estofos (m pl)	tangīd (m)	تنجيد
indicador (m)	gehāz (m)	جهاز
painel (m) de instrumentos	lawḥet ag-heza (f)	لوحة أجهزة

velocímetro (m)	me'yās sor'a (m)	مقياس سرعة
ponteiro (m)	mo'asʃer (m)	مؤشّر
conta-quilómetros (m)	'addād el mesafāt (m)	عدّاد المسافات
sensor (m)	'addād (m)	عدّاد
nível (m)	mostawa (m)	مستوى
luz (f) avisadora	lammbet enzār (f)	لمّبة إنذار
volante (m)	moqawwed (m)	مقوّد
buzina (f)	kalaks (m)	كلاكس
botão (m)	zerr (m)	زرّ
interruptor (m)	nāqel, meftāḥ (m)	ناقل, مفتاح
assento (m)	korsy (m)	كرسي
costas (f pl) do assento	masnad el ḍahr (m)	مسند الظهر
cabeceira (f)	masnad el ra's (m)	مسند الرأس
cinto (m) de segurança	ḥezām el amān (m)	حزام الأمان
apertar o cinto	rabaṭ el ḥezām	ربط الحزام
regulação (f)	ḍabṭ (m)	ضبط
airbag (m)	wesāda hawa'iya (f)	وسادة هوائية
ar (m) condicionado	takyīf (m)	تكييف
rádio (m)	radio (m)	راديو
leitor (m) de CD	moʃagɣel sidi (m)	مشغّل سي دي
ligar (vt)	fataḥ, ʃagɣal	فتح, شغّل
antena (f)	hawā'y (m)	هوائي
porta-luvas (m)	dorg (m)	درج
cinzeiro (m)	ṭa'ṭū'a (f)	طقطوقة

149. Carros. Motor

motor (m)	moḥarrek (m)	محرّك
motor (m)	motore (m)	موتور
diesel	'alal diesel	على الديزل
a gasolina	'alal banzīn	على البنزين
cilindrada (f)	ḥagm el moḥarrek (m)	حجم المحرّك
potência (f)	'owwa (f)	قوّة
cavalo-vapor (m)	ḥoṣān (m)	حصان
pistão (m)	mekbas (m)	مكبس
cilindro (m)	esṭewāna (f)	أسطوانة
válvula (f)	ṣamām (m)	صمام
injetor (m)	baχāχa (f)	بخّاخة
gerador (m)	mowalled (m)	مولّد
carburador (m)	karburetor (m)	كاربراتير
óleo (m) para motor	zeyt el moḥarrek (m)	زيت المحرّك
radiador (m)	radiator (m)	رادياتير
refrigerante (m)	mobarred (m)	مبرّد
ventilador (m)	marwaḥa (f)	مروّحة
bateria (f)	baṭṭariya (f)	بطّاريّة
dispositivo (m) de arranque	meftāḥ el taʃɣīl (m)	مفتاح التشغيل

ignição (f)	nezām taʃɣīl (m)	نظام تشغيل
vela (f) de ignição	ʃam'et el eḥterāq (f)	شمعة الإحتراق
borne (m)	ṭaraf tawṣīl (m)	طرف توصيل
borne (m) positivo	ṭaraf muwgeb (m)	طرف موجب
borne (m) negativo	ṭaraf sāleb (m)	طرف سالب
fusível (m)	fetīl (m)	فتيل
filtro (m) de ar	ṣaffāyet el hawā' (f)	صفّاية الهواء
filtro (m) de óleo	ṣaffāyet el zeyt (f)	صفّاية الزيت
filtro (m) de combustível	ṣaffāyet el banzīn (f)	صفّاية البنزين

150. Carros. Batidas. Reparação

acidente (m) de carro	ḥadset sayāra (f)	حادثة سيارة
acidente (m) rodoviário	ḥādes morūry (m)	حادث مروري
ir contra ...	χabaṭ	خبط
sofrer um acidente	daʃdaʃ	دشدش
danos (m pl)	χesāra (f)	خسارة
intato	salīm	سليم
avariar (vi)	ta'aṭṭal	تعطّل
cabo (m) de reboque	ḥabl el saḥb	حبل السحب
furo (m)	soqb (m)	ثقب
estar furado	fasʃ	فشّ
encher (vt)	nafaχ	نفخ
pressão (f)	ḍaɣṭ (m)	ضغط
verificar (vt)	eχtabar	إختبر
reparação (f)	taṣlīḥ (m)	تصليح
oficina (f) de reparação de carros	warʃet taṣlīḥ 'arabīāt (f)	ورشة تصليح عربيات
peça (f) sobresselente	'eṭ'et ɣeyār (f)	قطعة غيار
peça (f)	'eṭ'a (f)	قطعة
parafuso (m)	mesmār 'alawoze (m)	مسمار قلاووظ
parafuso (m)	mesmār (m)	مسمار
porca (f)	ṣamūla (f)	صامولة
anilha (f)	warda (f)	وردة
rolamento (m)	maḥmal (m)	محمل
tubo (m)	anbūba (f)	أنبوبة
junta (f)	'az'a (f)	عزقة
fio, cabo (m)	selk (m)	سلك
macaco (m)	'afrīṭa (f)	عفريطة
chave (f) de boca	meftāḥ rabṭ (m)	مفتاح ربط
martelo (m)	ʃakūʃ (m)	شاكوش
bomba (f)	ṭolommba (f)	طلمّبة
chave (f) de fendas	mefakk (m)	مفكّ
extintor (m)	ṭaffayet ḥarī' (f)	طفّاية حريق
triângulo (m) de emergência	eʃāret taḥzīr (f)	إشارة تحذير

parar (vi) (motor)	et'aṭṭal	إتعطّل
paragem (f)	tawaqqof (m)	توقّف
estar quebrado	kān maksūr	كان مكسور
superaquecer-se (vr)	soχn aktar men el lāzem	سخن أكثر من اللازم
entupir-se (vr)	kān masdūd	كان مسدود
congelar-se (vr)	etgammed	إتجمّد
rebentar (vi)	enqaṭa' - ett'aṭṭa'	إنقطع
pressão (f)	ḍaɣṭ (m)	ضغط
nível (m)	mostawa (m)	مستوى
frouxo	ḍa'īf	ضعيف
mossa (f)	ṭa'ga (f)	طعجة
ruído (m)	da'' (m)	دقّ
fissura (f)	ʃa'' (m)	شقّ
arranhão (m)	χadʃ (m)	خدش

151. Carros. Estrada

estrada (f)	ṭarī' (m)	طريق
autoestrada (f)	ṭarī' saree' (m)	طريق سريع
rodovia (f)	otostrad (m)	اوتوستراد
direção (f)	ettegāh (m)	إتّجاه
distância (f)	masāfa (f)	مسافة
ponte (f)	kobry (m)	كبري
parque (m) de estacionamento	maw'ef el 'arabeyāt (m)	موقف العربيات
praça (f)	medān (m)	ميدان
nó (m) rodoviário	taqāṭo' ṭoro' (m)	تقاطع طرق
túnel (m)	nafa' (m)	نفق
posto (m) de gasolina	maḥaṭṭet banzīn (f)	محطّة بنزين
parque (m) de estacionamento	maw'ef el 'arabeyāt (m)	موقف العربيات
bomba (f) de gasolina	maḍaχet banzīn (f)	مضخّة بنزين
oficina (f) de reparação de carros	warʃet taṣlīḥ 'arabīāt (f)	ورشة تصليح عربيات
abastecer (vt)	mala banzīn	ملى بنزين
combustível (m)	woqūd (m)	وقود
bidão (m) de gasolina	ʒerken (m)	جركن
asfalto (m)	asfalt (m)	اسفلت
marcação (f) de estradas	'alamāt el ṭarī' (pl)	علامات الطريق
lancil (m)	bardora (f)	بردورة
proteção (f) guard-rail	sūr (m)	سور
valeta (f)	ter'a (f)	ترعة
berma (f) da estrada	ḥaffet el ṭarī' (f)	حافّة الطريق
poste (m) de luz	'amūd nūr (m)	عمود نور
conduzir, guiar (vt)	sā'	ساق
virar (ex. ~ à direita)	ḥād	حاد
dar retorno	laff fe u-turn	لفّ في يو تيرن
marcha-atrás (f)	ḥaraka ela al warā' (f)	حركة إلى الوراء
buzinar (vi)	zammar	زمّر

buzina (f)	kalaks (m)	كلاكس
atolar-se (vr)	ɣaraz	غرز
patinar (na lama)	dawwar	دوّر
desligar (vt)	awqaf	أوقف
velocidade (f)	sorʿa (f)	سرعة
exceder a velocidade	ʿadda el sorʿa	عدّى السرعة
multar (vt)	faraḍ ɣarāma	فرض غرامة
semáforo (m)	eʃārāt el morūr (pl)	إشارات المرور
carta (f) de condução	roχṣet el qeyāda (f)	رخصة قيادة
passagem (f) de nível	maʿbar (m)	معبر
cruzamento (m)	taqāṭoʿ (m)	تقاطع
passadeira (f)	maʿbar (m)	معبر
curva (f)	monʿaṭaf (m)	منعطف
zona (f) pedonal	manteʾa lel moʃāh (f)	منطقة للمشاة

PESSOAS. EVENTOS

Eventos

152. Férias. Evento

festa (f)	ʿīd (m)	عيد
festa (f) nacional	ʿīd waṭany (m)	عيد وطني
feriado (m)	agāza rasmiya (f)	أجازة رسميّة
festejar (vt)	eḥtafal be zekra	إحتفل بذكرى
evento (festa, etc.)	ḥadass (m)	حدث
evento (banquete, etc.)	monasba (f)	مناسبة
banquete (m)	walīma (f)	وليمة
receção (f)	ḥaflet esteʾbāl (f)	حفلة إستقبال
festim (m)	walīma (f)	وليمة
aniversário (m)	zekra sanawiya (f)	ذكرى سنوية
jubileu (m)	yobeyl (m)	يوبيل
celebrar (vt)	eḥtafal	إحتفل
Ano (m) Novo	raʾs el sanna (m)	رأس السنة
Feliz Ano Novo!	koll sana wenta ṭayeb!	كلّ سنة وأنت طيّب!
Pai (m) Natal	baba neweyl (m)	بابا نويل
Natal (m)	ʿīd el melād (m)	عيد الميلاد
Feliz Natal!	ʿīd melād saʿīd!	عيد ميلاد سعيد!
árvore (f) de Natal	ʃagaret el kresmas (f)	شجرة الكريسمس
fogo (m) de artifício	alʿāb nāriya (pl)	ألعاب ناريّة
boda (f)	faraḥ (m)	فرح
noivo (m)	ʿarīs (m)	عريس
noiva (f)	ʿarūsa (f)	عروسة
convidar (vt)	ʿazam	عزم
convite (m)	beṭāʾet daʿwa (f)	بطاقة دعوة
convidado (m)	ḍeyf (m)	ضيف
visitar (vt)	zār	زار
receber os hóspedes	estaʾbal ḍoyūf	إستقبل ضيوف
presente (m)	hediya (f)	هديّة
oferecer (vt)	edda	إدّى
receber presentes	estalam hadāya	إستلم هدايا
ramo (m) de flores	bokeyh (f)	بوكيه
felicitações (f pl)	tahneʾa (f)	تهنئة
felicitar (dar os parabéns)	hanna	هنّأ
cartão (m) de parabéns	beṭāʾet tahneʾa (f)	بطاقة تهنئة

enviar um postal	ba'at beṭā'et tahne'a	بعت بطاقة تهنئة
receber um postal	estalam beṭā'a tahne'a	استلم بطاقة تهنئة

brinde (m)	naχab (m)	نخب
oferecer (vt)	ḍayaf	ضيَف
champanhe (m)	ʃambania (f)	شمبانيا

divertir-se (vr)	estamtaʿ	إستمتع
diversão (f)	bahga (f)	بهجة
alegria (f)	saʿāda (f)	سعادة

dança (f)	ra'ṣa (f)	رقصة
dançar (vi)	ra'aṣ	رقص

valsa (f)	valles (m)	فالس
tango (m)	tango (m)	تانجو

153. Funerais. Enterro

cemitério (m)	maqbara (f)	مقبرة
sepultura (f), túmulo (m)	'abr (m)	قبر
cruz (f)	ṣalīb (m)	صليب
lápide (f)	ḥagar el ma''bara (m)	حجر المقبرة
cerca (f)	sūr (m)	سور
capela (f)	kenīsa saɣīra (f)	كنيسة صغيرة

morte (f)	mote (m)	موت
morrer (vi)	māt	مات
defunto (m)	el motawaffy (m)	المتوَفي
luto (m)	ḥedād (m)	حداد

enterrar, sepultar (vt)	dafan	دفن
agência (f) funerária	maktab motaʿahhed el dafn (m)	مكتب متعهَد الدفن

funeral (m)	ganāza (f)	جنازة
coroa (f) de flores	eklīl (m)	إكليل
caixão (m)	tabūt (m)	تابوت
carro (m) funerário	naʿʃ (m)	نعش
mortalha (f)	kafan (m)	كفن

procissão (f) funerária	ganāza (f)	جنازة
urna (f) funerária	garra gana'eziya (f)	جرَة جنائزية
crematório (m)	maḥra'et gosas el mawta (f)	محرقة جثث الموتى

obituário (m), necrologia (f)	segel el wafīāt (m)	سجل الوفيات
chorar (vi)	baka	بكى
soluçar (vi)	nawwaḥ	نوَح

154. Guerra. Soldados

pelotão (m)	faṣīla (f)	فصيلة
companhia (f)	serriya (f)	سريَة

regimento (m)	foge (m)	فوج
exército (m)	geyʃ (m)	جيش
divisão (f)	fer'a (f)	فرقة
destacamento (m)	weḥda (f)	وحدة
hoste (f)	geyʃ (m)	جيش
soldado (m)	gondy (m)	جندي
oficial (m)	ḍābeṭ (m)	ضابط
soldado (m) raso	gondy (m)	جندي
sargento (m)	raqīb tāny (m)	رقيب تاني
tenente (m)	molāzem tāny (m)	ملازم تاني
capitão (m)	naqīb (m)	نقيب
major (m)	rā'ed (m)	رائد
coronel (m)	ʿaqīd (m)	عقيد
general (m)	ʒenerāl (m)	جنرال
marujo (m)	baḥḥār (m)	بحّار
capitão (m)	'obṭān (m)	قبطان
contramestre (m)	rabbān (m)	ربّان
artilheiro (m)	gondy fe selāḥ el madfaʿiya (m)	جندي في سلاح المدفعيّة
soldado (m) paraquedista	selāḥ el maẓallāt (m)	سلاح المظلّات
piloto (m)	ṭayār (m)	طيّار
navegador (m)	mallāḥ (m)	ملّاح
mecânico (m)	mikanīky (m)	ميكانيكي
sapador (m)	mohandes ʿaskary (m)	مهندس عسكري
paraquedista (m)	gondy el baraʃot (m)	جندي الباراشوت
explorador (m)	kaʃāfet el esteṭlāʿ (f)	كشّافة الإستطلاع
franco-atirador (m)	qannāṣ (m)	قنّاص
patrulha (f)	dawriya (f)	دوريّة
patrulhar (vt)	'ām be dawriya	قام بدوريّة
sentinela (f)	ḥāres (m)	حارس
guerreiro (m)	muḥāreb (m)	محارب
patriota (m)	waṭany (m)	وطني
herói (m)	baṭal (m)	بطل
heroína (f)	baṭala (f)	بطلة
traidor (m)	χāyen (m)	خاين
trair (vt)	χān	خان
desertor (m)	hāreb men el gondiya (m)	هارب من الجنديّة
desertar (vt)	farr men el geyʃ	فرّ من الجيش
mercenário (m)	ma'gūr (m)	مأجور
recruta (m)	gondy gedīd (m)	جندي جديد
voluntário (m)	motaṭawweʿ (m)	متطوّع
morto (m)	'atīl (m)	قتيل
ferido (m)	garīḥ (m)	جريح
prisioneiro (m) de guerra	asīr ḥarb (m)	أسير حرب

155. Guerra. Ações militares. Parte 1

guerra (f)	ḥarb (f)	حرب
guerrear (vt)	ḥārab	حارب
guerra (f) civil	ḥarb ahliya (f)	حرب أهليّة
perfidamente	ɣadran	غدراً
declaração (f) de guerra	e'lān ḥarb (m)	إعلان حرب
declarar (vt) guerra	a'lan	أعلن
agressão (f)	'edwān (m)	عدوان
atacar (vt)	hagam	هجم
invadir (vt)	eḥtall	إحتلّ
invasor (m)	moḥtell (m)	محتلّ
conquistador (m)	fāteḥ (m)	فاتح
defesa (f)	defā' (m)	دفاع
defender (vt)	dāfa'	دافع
defender-se (vr)	dāfa' 'an ...	دافع عن ...
inimigo (m)	'adeww (m)	عدوّ
adversário (m)	χeṣm (m)	خصم
inimigo	'adeww	عدوّ
estratégia (f)	estrateʒiya (f)	إستراتيجيّة
tática (f)	taktīk (m)	تكتيك
ordem (f)	amr (m)	أمر
comando (m)	amr (m)	أمر
ordenar (vt)	amar	أمر
missão (f)	mohemma (f)	مهمّة
secreto	serry	سرّي
batalha (f)	ma'raka (f)	معركة
combate (m)	'etāl (m)	قتال
ataque (m)	hogūm (m)	هجوم
assalto (m)	enqeḍāḍ (m)	إنقضاض
assaltar (vt)	enqaḍḍ	إنقضّ
assédio, sítio (m)	ḥeṣār (m)	حصار
ofensiva (f)	hogūm (m)	هجوم
passar à ofensiva	hagam	هجم
retirada (f)	enseḥāb (m)	إنسحاب
retirar-se (vr)	ensaḥab	إنسحب
cerco (m)	eḥāṭa (f)	إحاطة
cercar (vt)	aḥāṭ	أحاط
bombardeio (m)	'aṣf (m)	قصف
lançar uma bomba	asqaṭ qonbola	أسقط قنبلة
bombardear (vt)	'aṣaf	قصف
explosão (f)	enfegār (m)	إنفجار
tiro (m)	ṭal'a (f)	طلقة

disparar um tiro	aṭlaq el nār	أطلق النار
tiroteio (m)	eṭlāq nār (m)	إطلاق نار
apontar para ...	ṣawwab ʿala ...	صوّب على ...
apontar (vt)	ṣawwab	صوّب
acertar (vt)	aṣāb el hadaf	أصاب الهدف
afundar (um navio)	aɣraʾ	أغرق
brecha (f)	soqb (m)	ثقب
afundar-se (vr)	ɣereʾ	غرق
frente (m)	gabha (f)	جبهة
evacuação (f)	eχlāʾ (m)	إخلاء
evacuar (vt)	aχla	أخلى
trincheira (f)	χondoq (m)	خندق
arame (m) farpado	aslāk ʃāʾeka (pl)	أسلاك شائكة
obstáculo (m) anticarro	ḥāgez (m)	حاجز
torre (f) de vigia	borg moraʾba (m)	برج مراقبة
hospital (m)	mostaʃfa ʿaskary (m)	مستشفى عسكري
ferir (vt)	garaḥ	جرح
ferida (f)	garḥ (m)	جرح
ferido (m)	garīḥ (m)	جريح
ficar ferido	oṣīb bel garḥ	أصيب بالجرح
grave (ferida ~)	χaṭīr	خطير

156. Armas

arma (f)	asleḥa (pl)	أسلحة
arma (f) de fogo	asleḥa nāriya (pl)	أسلحة ناريّة
arma (f) branca	asleḥa bayḍāʾ (pl)	أسلحة بيضاء
arma (f) química	asleḥa kemawiya (pl)	أسلحة كيماويّة
nuclear	nawawy	نوويّ
arma (f) nuclear	asleḥa nawawiya (pl)	أسلحة نوويّة
bomba (f)	qonbela (f)	قنبلة
bomba (f) atómica	qonbela nawawiya (f)	قنبلة نوويّة
pistola (f)	mosaddas (m)	مسدّس
caçadeira (f)	bondoqiya (f)	بندقيّة
pistola-metralhadora (f)	mosaddas rasʃāʃ (m)	مسدّس رشّاش
metralhadora (f)	rasʃāʃ (m)	رشّاش
boca (f)	fawha (f)	فوهة
cano (m)	anbūba (f)	أنبوبة
calibre (m)	ʿeyār (m)	عيار
gatilho (m)	zanād (m)	زناد
mira (f)	moṣawweb (m)	مصوّب
carregador (m)	maχzan (m)	مخزن
coronha (f)	ʿaqab el bondoʾiya (m)	عقب البندقيّة
granada (f) de mão	qonbela yadawiya (f)	قنبلة يدويّة

explosivo (m)	mawād motafaggera (pl)	مواد متفجّرة
bala (f)	roṣāṣa (f)	رصاصة
cartucho (m)	χarṭūʃa (f)	خرطوشة
carga (f)	ḥaʃwa (f)	حشوة
munições (f pl)	zaχīra (f)	ذخيرة
bombardeiro (m)	qazefet qanābel (f)	قاذفة قنابل
avião (m) de caça	ṭayāra muqātela (f)	طيّارة مقاتلة
helicóptero (m)	heliokobter (m)	هليكوبتر
canhão (m) antiaéreo	madfaʿ moḍād lel ṭaʾerāṭ (m)	مدفع مضاد للطائرات
tanque (m)	dabbāba (f)	دبّابة
canhão (de um tanque)	madfaʿ el dabbāba (m)	مدفع الدبّابة
artilharia (f)	madfaʿiya (f)	مدفعيّة
canhão (m)	madfaʿ (m)	مدفع
fazer a pontaria	ṣawwab	صوّب
obus (m)	qazīfa (f)	قذيفة
granada (f) de morteiro	qonbela hawn (f)	قنبلة هاون
morteiro (m)	hawn (m)	هاون
estilhaço (m)	ʃazya (f)	شظية
submarino (m)	ɣawwāṣa (f)	غوّاصة
torpedo (m)	ṭorbīd (m)	طوربيد
míssil (m)	ṣarūχ (m)	صاروخ
carregar (uma arma)	ʿammar	عمّر
atirar, disparar (vi)	ḍarab bel nār	ضرب بالنار
apontar para ...	ṣawwab ʿala ...	صوّب على ...
baioneta (f)	ḥerba (f)	حربة
espada (f)	seyf zu ḥaddeyn (m)	سيف ذو حدّين
sabre (m)	seyf monḥany (m)	سيف منحني
lança (f)	remḥ (m)	رمح
arco (m)	qose (m)	قوس
flecha (f)	sahm (m)	سهم
mosquete (m)	musket (m)	مسكيت
besta (f)	qose mostaʿraḍ (m)	قوس مستعرض

157. Povos da antiguidade

primitivo	bedāʾy	بدائي
pré-histórico	ma qabl el tarīχ	ما قبل التاريخ
antigo	ʾadīm	قديم
Idade (f) da Pedra	el ʿaṣr el ḥagary (m)	العصر الحجري
Idade (f) do Bronze	el ʿaṣr el bronzy (m)	العصر البرونزي
período (m) glacial	el ʿaṣr el galīdy (m)	العصر الجليدي
tribo (f)	qabīla (f)	قبيلة
canibal (m)	ʾākel loḥūm el baʃar (m)	آكل لحوم البشر
caçador (m)	ṣayād (m)	صيّاد
caçar (vi)	eṣṭād	إصطاد

mamute (m)	mamūθ (m)	ماموث
caverna (f)	kahf (m)	كهف
fogo (m)	nār (f)	نار
fogueira (f)	nār moχayem (m)	نار مخيّم
pintura (f) rupestre	rasm fel kahf (m)	رسم في الكهف
ferramenta (f)	adah (f)	أداة
lança (f)	remḥ (m)	رمح
machado (m) de pedra	fa'ʾs ḥagary (m)	فأس حجري
guerrear (vt)	ḥārab	حارب
domesticar (vt)	esta'nas	استئنس
ídolo (m)	ṣanam (m)	صنم
adorar, venerar (vt)	ʿabad	عبد
superstição (f)	χorāfa (f)	خرافة
ritual (m)	mansak (m)	منسك
evolução (f)	taṭṭawwor (m)	تطوّر
desenvolvimento (m)	nomoww (m)	نموّ
desaparecimento (m)	enqerāḍ (m)	إنقراض
adaptar-se (vr)	takayaf (maʿ)	(تكيّف (مع
arqueologia (f)	ʿelm el ʾāsār (m)	علم الآثار
arqueólogo (m)	ʿālem āsār (m)	عالم آثار
arqueológico	asary	أثري
local (m) das escavações	mawqeʿ ḥafr (m)	موّقع حفر
escavações (f pl)	tanqīb (m)	تنقيب
achado (m)	ekteʃāf (m)	إكتشاف
fragmento (m)	ʾeṭʿa (f)	قطعة

158. Idade média

povo (m)	ʃaʿb (m)	شعب
povos (m pl)	ʃoʿūb (pl)	شعوب
tribo (f)	qabīla (f)	قبيلة
tribos (f pl)	qabāʾel (pl)	قبائل
bárbaros (m pl)	el barabra (pl)	البرابرة
gauleses (m pl)	el ɣaliyūn (pl)	الغاليّون
godos (m pl)	el qūṭiyūn (pl)	القوطيون
eslavos (m pl)	el selāf (pl)	السلاف
víquingues (m pl)	el viking (pl)	الفايكينج
romanos (m pl)	el romān (pl)	الرومان
romano	romāny	روماني
bizantinos (m pl)	bizanṭiyūn (pl)	بيزنطيون
Bizâncio	bīzanṭa (f)	بيزنطة
bizantino	bīzanṭy	بيزنطي
imperador (m)	embraṭore (m)	إمبراطور
líder (m)	zaʿīm (m)	زعيم
poderoso	gabbār	جبّار

rei (m)	malek (m)	ملك
governante (m)	ḥākem (m)	حاكم
cavaleiro (m)	fāres (m)	فارس
senhor feudal (m)	eqṭāʿy (m)	إقطاعي
feudal	eqṭāʿy	إقطاعي
vassalo (m)	ḥākem tābeʿ (m)	حاكم تابع
duque (m)	dūʾ (m)	دوق
conde (m)	earl (m)	ايرل
barão (m)	barūn (m)	بارون
bispo (m)	asqof (m)	أسقف
armadura (f)	derʿ (m)	درع
escudo (m)	derʿ (m)	درع
espada (f)	seyf (m)	سيف
viseira (f)	ḥaffa amamiya lel χoza (f)	حافة أماميّة للخوذة
cota (f) de malha	derʿ el zard (m)	درع الزرد
cruzada (f)	ḥamla ṣalībiya (f)	حملة صليبيّة
cruzado (m)	ṣalīby (m)	صليبي
território (m)	arḍ (f)	أرض
atacar (vt)	hagam	هجم
conquistar (vt)	fataḥ	فتح
ocupar, invadir (vt)	eḥtall	إحتلّ
assédio, sítio (m)	ḥeṣār (m)	حصار
sitiado	moḥāṣar	محاصر
assediar, sitiar (vt)	ḥāṣar	حاصر
inquisição (f)	maḥākem el taftīʃ (pl)	محاكم التفتيش
inquisidor (m)	mofatteʃ (m)	مفتّش
tortura (f)	taʿzīb (m)	تعذيب
cruel	waḥʃy	وحشي
herege (m)	moharṭeq (m)	مهرطق
heresia (f)	harṭaʾa (f)	هرطقة
navegação (f) marítima	el safar bel baḥr (m)	السفر بالبحر
pirata (m)	ʾorṣān (m)	قرصان
pirataria (f)	ʾarṣana (f)	قرصنة
abordagem (f)	mohagmet safīna (f)	مهاجمة سفينة
presa (f), butim (m)	ɣanīma (f)	غنيمة
tesouros (m pl)	konūz (pl)	كنوز
descobrimento (m)	ekteʃāf (m)	إكتشاف
descobrir (novas terras)	ektaʃaf	إكتشف
expedição (f)	beʿsa (f)	بعثة
mosqueteiro (m)	fāres (m)	فارس
cardeal (m)	kardinal (m)	كاردينال
heráldica (f)	ʃeʿārāt el nabāla (pl)	شعارات النبالة
heráldico	χāṣṣ be ʃeʿarāt el nebāla	خاصّ بشعارات النبالة

159. Líder. Chefe. Autoridades

rei (m)	malek (m)	ملك
rainha (f)	maleka (f)	ملكة
real	malaky	ملكي
reino (m)	mamlaka (f)	مملكة
príncipe (m)	amīr (m)	أمير
princesa (f)	amīra (f)	أميرة
presidente (m)	ra'īs (m)	رئيس
vice-presidente (m)	nā'eb el ra'īs (m)	نائب الرئيس
senador (m)	'oḍw magles el ʃoyūχ (m)	عضو مجلس الشيوخ
monarca (m)	'āhel (m)	عاهل
governante (m)	ḥākem (m)	حاكم
ditador (m)	dektatore (m)	ديكتاتور
tirano (m)	ṭāɣeya (f)	طاغية
magnata (m)	ra'smāly kebīr (m)	رأسمالي كبير
diretor (m)	modīr (m)	مدير
chefe (m)	ra'īs (m)	رئيس
dirigente (m)	modīr (m)	مدير
patrão (m)	ra'īs (m)	رئيس
dono (m)	ṣāḥeb (m)	صاحب
líder, chefe (m)	za'īm (m)	زعيم
chefe (~ de delegação)	ra'īs (m)	رئيس
autoridades (f pl)	solṭāt (pl)	سلطات
superiores (m pl)	ro'asā' (pl)	رؤساء
governador (m)	muḥāfeẓ (m)	محافظ
cônsul (m)	qonṣol (m)	قنصل
diplomata (m)	deblomāsy (m)	دبلوماسي
Presidente (m) da Câmara	ra'īs el baladiya (m)	رئيس البلديّة
xerife (m)	ʃerīf (m)	شريف
imperador (m)	embraṭore (m)	إمبراطور
czar (m)	qayṣar (m)	قيصر
faraó (m)	fer'one (m)	فرعون
cã (m)	χān (m)	خان

160. Viloação da lei. Criminosos. Parte 1

bandido (m)	qāṭe' ṭarī' (m)	قاطع طريق
crime (m)	garīma (f)	جريمة
criminoso (m)	mogrem (m)	مجرم
ladrão (m)	sāre' (m)	سارق
roubar (vt)	sara'	سرق
furto, roubo (m)	ser'a (f)	سرقة
raptar (ex. ~ uma criança)	χaṭaf	خطف
rapto (m)	χaṭf (m)	خطف

raptor (m)	xāṭef (m)	خاطف
resgate (m)	fedya (f)	فدية
pedir resgate	ṭalab fedya	طلب فدية
roubar (vt)	nahab	نهب
assalto, roubo (m)	nahb (m)	نهب
assaltante (m)	nahhāb (m)	نهّاب
extorquir (vt)	balṭag	بلطج
extorsionário (m)	balṭagy (m)	بلطجي
extorsão (f)	balṭaga (f)	بلطجة
matar, assassinar (vt)	ʾatal	قتل
homicídio (m)	ʾatl (m)	قتل
homicida, assassino (m)	qātel (m)	قاتل
tiro (m)	ṭalʾet nār (f)	طلقة نار
dar um tiro	aṭlaq el nār	أطلق النار
matar a tiro	ʾatal bel roṣāṣ	قتل بالرصاص
atirar, disparar (vi)	ḍarab bel nār	ضرب بالنار
tiroteio (m)	ḍarb nār (m)	ضرب نار
incidente (m)	ḥādes (m)	حادث
briga (~ de rua)	xenāʾa (f)	خناقة
Socorro!	sāʿidni	ساعدني!
vítima (f)	ḍaḥiya (f)	ضحيّة
danificar (vt)	xarrab	خرّب
dano (m)	xesāra (f)	خسارة
cadáver (m)	gossa (f)	جثّة
grave	xaṭīra	خطيرة
atacar (vt)	hagam	هجم
bater (espancar)	ḍarab	ضرب
espancar (vt)	ḍarab	ضرب
tirar, roubar (dinheiro)	salab	سلب
esfaquear (vt)	ṭaʿan ḥatta el mote	طعن حتّى الموت
mutilar (vt)	ʃawwah	شوّه
ferir (vt)	garaḥ	جرح
chantagem (f)	ebtezāz (m)	إبتزاز
chantagear (vt)	ebtazz	إبتزّ
chantagista (m)	mobtazz (m)	مبتزّ
extorsão (em troca de proteção)	balṭaga (f)	بلطجة
extorsionário (m)	mobtazz (m)	مبتزّ
gângster (m)	ragol ʿeṣāba (m)	رجل عصابة
máfia (f)	mafia (f)	مافيا
carteirista (m)	nasʃāl (m)	نشّال
assaltante, ladrão (m)	leṣṣ beyūt (m)	لص بيوت
contrabando (m)	tahrīb (m)	تهريب
contrabandista (m)	moharreb (m)	مهرّب
falsificação (f)	tazwīr (m)	تزوير
falsificar (vt)	zawwar	زوّر
falsificado	mozawwara	مزوّرة

161. Viloação da lei. Criminosos. Parte 2

violação (f)	eɣteṣāb (m)	إغتصاب
violar (vt)	eɣtaṣab	إغتصب
violador (m)	moɣtaṣeb (m)	مغتصب
maníaco (m)	mahwūs (m)	مهووس
prostituta (f)	mommos (f)	مومّس
prostituição (f)	da'āra (f)	دعارة
chulo (m)	qawwād (m)	قوّاد
toxicodependente (m)	modmen moxaddarāt (m)	مدمن مخدّرات
traficante (m)	tāger moxaddarāt (m)	تاجر مخدّرات
explodir (vt)	faggar	فجّر
explosão (f)	enfegār (m)	إنفجار
incendiar (vt)	aʃ'al el nār	أشعل النار
incendiário (m)	moʃ'el ḥarīq 'an 'amd (m)	مشعل حريق عن عمد
terrorismo (m)	erhāb (m)	إرهاب
terrorista (m)	erhāby (m)	إرهابي
refém (m)	rahīna (m)	رهينة
enganar (vt)	eḥtāl	إحتال
engano (m)	eḥteyāl (m)	إحتيال
vigarista (m)	moḥtāl (m)	محتال
subornar (vt)	raʃa	رشا
suborno (atividade)	erteʃā' (m)	إرتشاء
suborno (dinheiro)	raʃwa (f)	رشوة
veneno (m)	semm (m)	سمّ
envenenar (vt)	sammem	سمّم
envenenar-se (vr)	sammem nafsoh	سمّم نفسه
suicídio (m)	enteḥār (m)	إنتحار
suicida (m)	montaḥer (m)	منتحر
ameaçar (vt)	hadded	هدّد
ameaça (f)	tahdīd (m)	تهديد
atentar contra a vida de ...	ḥāwel eɣteyāl	حاول إغتيال
atentado (m)	moḥawlet eɣteyāl (f)	محاولة إغتيال
roubar (o carro)	sara'	سرق
desviar (o avião)	extaṭaf	إختطف
vingança (f)	enteqām (m)	إنتقام
vingar (vt)	entaqam	إنتقم
torturar (vt)	'azzeb	عذّب
tortura (f)	ta'zīb (m)	تعذيب
atormentar (vt)	'azzeb	عذّب
pirata (m)	'orṣān (m)	قرصان
desordeiro (m)	wabaʃ (m)	وبش

armado	mosallaḥ	مسلّح
violência (f)	ʿonf (m)	عنف
ilegal	meʃ qanūniy	مش قانوني
espionagem (f)	tagassas (m)	تجسّس
espionar (vi)	tagassas	تجسّس

162. Polícia. Lei. Parte 1

justiça (f)	qaḍāʾ (m)	قضاء
tribunal (m)	maḥkama (f)	محكمة
juiz (m)	qāḍy (m)	قاضي
jurados (m pl)	moḥallafīn (pl)	محلّفين
tribunal (m) do júri	qaḍāʾ el muḥallafīn (m)	قضاء المحلّفين
julgar (vt)	ḥakam	حكم
advogado (m)	muḥāmy (m)	محامي
réu (m)	moddaʿy ʿaleyh (m)	مدّعي عليه
banco (m) dos réus	ʾafaṣ el ettehām (m)	قفص الإتّهام
acusação (f)	ettehām (m)	إتّهام
acusado (m)	mottaham (m)	متّهم
sentença (f)	ḥokm (m)	حكم
sentenciar (vt)	ḥakam	حكم
culpado (m)	gāny (m)	جاني
punir (vt)	ʿāqab	عاقب
punição (f)	ʿeqāb (m)	عقاب
multa (f)	ɣarāma (f)	غرامة
prisão (f) perpétua	segn mada el ḥayah (m)	سجن مدى الحياة
pena (f) de morte	ʿoqūbet ʾeʿdām (f)	عقوبة إعدام
cadeira (f) elétrica	el korsy el kaharabāʾy (m)	الكرسي الكهربائي
forca (f)	maʃnaʾa (f)	مشنقة
executar (vt)	aʿdam	أعدم
execução (f)	eʿdām (m)	إعدام
prisão (f)	segn (m)	سجن
cela (f) de prisão	zenzāna (f)	زنزانة
escolta (f)	ḥerāsa (f)	حراسة
guarda (m) prisional	ḥāres segn (m)	حارس سجن
preso (m)	sagīn (m)	سجين
algemas (f pl)	kalabʃāt (pl)	كلابشات
algemar (vt)	kalbeʃ	كلبش
fuga, evasão (f)	horūb men el segn (m)	هروب من السجن
fugir (vi)	hereb	هرب
desaparecer (vi)	eχtafa	إختفى
soltar, libertar (vt)	aχla sabīl	أخلى سبيل

amnistia (f)	ʿafw ʿām (m)	عفو عام
polícia (instituição)	ʃorṭa (f)	شرطة
polícia (m)	ʃorṭy (m)	شرطي
esquadra (f) de polícia	qesm ʃorṭa (m)	قسم شرطة
cassetete (m)	ʿaṣāya maṭṭāṭiya (f)	عصاية مطّاطية
megafone (m)	būʾ (m)	بوق
carro (m) de patrulha	ʿarabiyet dawrīāt (f)	عربيّة دوريات
sirene (f)	sarīna (f)	سرينة
ligar a sirene	wallaʿ el sarīna	ولّع السرينة
toque (m) da sirene	ṣote sarīna (m)	صوت سرينة
cena (f) do crime	masraḥ el garīma (m)	مسرح الجريمة
testemunha (f)	ʃāhed (m)	شاهد
liberdade (f)	ḥorriya (f)	حرّيّة
cúmplice (m)	ʃerīk fel garīma (m)	شريك في الجريمة
escapar (vi)	hereb	هرب
traço (não deixar ~s)	asar (m)	أثر

163. Polícia. Lei. Parte 2

procura (f)	baḥs (m)	بحث
procurar (vt)	dawwar ʿala	دوّر على
suspeita (f)	ʃobha (f)	شبهة
suspeito	maʃbūh	مشبوه
parar (vt)	awqaf	أوقّف
deter (vt)	eʿtaqal	إعتقل
caso (criminal)	ʾaḍiya (f)	قضيّة
investigação (f)	taḥʾīʾ (m)	تحقيق
detetive (m)	moḥaqqeq (m)	محقّق
investigador (m)	mofatteʃ (m)	مفتّش
versão (f)	rewāya (f)	رواية
motivo (m)	dāfeʿ (m)	دافع
interrogatório (m)	estegwāb (m)	إستجواب
interrogar (vt)	estagweb	إستجوّب
questionar (vt)	estanṭaʾ	إستنطق
verificação (f)	faḥṣ (m)	فحص
batida (f) policial	gamʿ (m)	جمع
busca (f)	taftīʃ (m)	تفتيش
perseguição (f)	moṭarda (f)	مطاردة
perseguir (vt)	ṭārad	طارد
seguir (vt)	tatabbaʿ	تتبّع
prisão (f)	eʿteqāl (m)	إعتقال
prender (vt)	eʿtaqal	اعتقل
pegar, capturar (vt)	ʾabaḍ ʿala	قبض على
captura (f)	ʾabḍ (m)	قبض
documento (m)	wasīqa (f)	وثيقة
prova (f)	dalīl (m)	دليل
provar (vt)	asbat	أثبت

pegada (f)	baṣma (f)	بصمة
impressões (f pl) digitais	baṣamāt el aṣābeʿ (pl)	بصمات الأصابع
prova (f)	ʾetʿa men el adella (f)	قطعة من الأدلّة
álibi (m)	ḥegget ɣeyāb (f)	حجّة غياب
inocente	barīʾ	بريء
injustiça (f)	ẓolm (m)	ظلم
injusto	meʃ ʿādel	مش عادل
criminal	mogrem	مجرم
confiscar (vt)	ṣādar	صادر
droga (f)	moχaddarāt (pl)	مخدّرات
arma (f)	selāḥ (m)	سلاح
desarmar (vt)	garrad men el selāḥ	جرّد من السلاح
ordenar (vt)	amar	أمر
desaparecer (vi)	eχtafa	إختفى
lei (f)	qanūn (m)	قانون
legal	qanūny	قانوني
ilegal	meʃ qanūny	مش قانوني
responsabilidade (f)	masʾoliya (f)	مسؤوليّة
responsável	masʾūl (m)	مسؤول

NATUREZA

A Terra. Parte 1

164. Espaço sideral

cosmos (m)	faḍā' (m)	فضاء
cósmico	faḍā'y	فضائي
espaço (m) cósmico	el faḍā' el χāregy (m)	الفضاء الخارجي
mundo (m)	'ālam (m)	عالم
universo (m)	el kōn (m)	الكون
galáxia (f)	el magarra (f)	المجرّة
estrela (f)	negm (m)	نجم
constelação (f)	borg (m)	برج
planeta (m)	kawwkab (m)	كوكب
satélite (m)	'amar ṣenā'y (m)	قمر صناعي
meteorito (m)	nayzek (m)	نيزك
cometa (m)	mozannab (m)	مذنّب
asteroide (m)	kowaykeb (m)	كويكب
órbita (f)	madār (m)	مدار
girar (vi)	dār	دار
atmosfera (f)	el ɣelāf el gawwy (m)	الغلاف الجوّي
Sol (m)	el ʃams (f)	الشمس
Sistema (m) Solar	el magmū'a el ʃamsiya (f)	المجموعة الشمسيّة
eclipse (m) solar	kosūf el ʃams (m)	كسوف الشمس
Terra (f)	el arḍ (f)	الأرض
Lua (f)	el 'amar (m)	القمر
Marte (m)	el marrīχ (m)	المرّيخ
Vénus (f)	el zahra (f)	الزهرة
Júpiter (m)	el moʃtary (m)	المشتري
Saturno (m)	zoḥḥol (m)	زحل
Mercúrio (m)	'aṭāred (m)	عطارد
Urano (m)	uranus (m)	اورانوس
Neptuno (m)	nibtūn (m)	نبتون
Plutão (m)	bluto (m)	بلوتو
Via Láctea (f)	darb el tebbāna (m)	درب التبّانة
Ursa Maior (f)	el dobb el akbar (m)	الدب الأكبر
Estrela Polar (f)	negm el 'oṭb (m)	نجم القطب
marciano (m)	sāken el marrīχ (m)	ساكن المرّيخ
extraterrestre (m)	faḍā'y (m)	فضائي

alienígena (m)	kā'en faḍā'y (m)	كائن فضائي
disco (m) voador	ṭaba' ṭā'er (m)	طبق طائر
nave (f) espacial	markaba faḍa'iya (f)	مركبة فضائية
estação (f) orbital	maḥaṭṭet faḍā' (f)	محطّة فضاء
lançamento (m)	enṭelāq (m)	إنطلاق
motor (m)	motore (m)	موتور
bocal (m)	manfaθ (m)	منفث
combustível (m)	woqūd (m)	وقود
cabine (f)	kabīna (f)	كابينة
antena (f)	hawā'y (m)	هوائي
vigia (f)	kowwa mostadīra (f)	كوّة مستديرة
bateria (f) solar	lawḥa ʃamsiya (f)	لوحة شمسيّة
traje (m) espacial	badlet el faḍā' (f)	بدلة الفضاء
imponderabilidade (f)	en'edām wazn (m)	إنعدام الوزن
oxigénio (m)	oksiʒīn (m)	أوكسجين
acoplagem (f)	rasw (m)	رسو
fazer uma acoplagem	rasa	رسى
observatório (m)	marṣad (m)	مرصد
telescópio (m)	teleskop (m)	تلسكوب
observar (vt)	rāqab	راقب
explorar (vt)	estakʃef	إستكشف

165. A Terra

Terra (f)	el arḍ (f)	الأرض
globo terrestre (Terra)	el kora el arḍiya (f)	الكرة الأرضيّة
planeta (m)	kawwkab (m)	كوكب
atmosfera (f)	el ɣelāf el gawwy (m)	الغلاف الجوّي
geografia (f)	goɣrafia (f)	جغرافيا
natureza (f)	ṭabee'a (f)	طبيعة
globo (mapa esférico)	namūzag lel kora el arḍiya (m)	نموذج للكرة الأرضيّة
mapa (m)	χarīṭa (f)	خريطة
atlas (m)	aṭlas (m)	أطلس
Europa (f)	orobba (f)	أوروبّا
Ásia (f)	asya (f)	آسيا
África (f)	afreqia (f)	أفريقيا
Austrália (f)	ostorālya (f)	أستراليا
América (f)	amrīka (f)	أمريكا
América (f) do Norte	amrīka el ʃamaliya (f)	أمريكا الشماليّة
América (f) do Sul	amrīka el ganūbiya (f)	أمريكا الجنوبيّة
Antártida (f)	el qoṭb el ganūby (m)	القطب الجنوبي
Ártico (m)	el qoṭb el ʃamāly (m)	القطب الشمالي

166. Pontos cardeais

norte (m)	ʃemāl (m)	شمال
para norte	lel ʃamāl	للشمال
no norte	fel ʃamāl	في الشمال
do norte	ʃamāly	شمالي
sul (m)	ganūb (m)	جنوب
para sul	lel ganūb	للجنوب
no sul	fel ganūb	في الجنوب
do sul	ganūby	جنوبي
oeste, ocidente (m)	ɣarb (m)	غرب
para oeste	lel ɣarb	للغرب
no oeste	fel ɣarb	في الغرب
ocidental	ɣarby	غربي
leste, oriente (m)	ʃarʾ (m)	شرق
para leste	lel ʃarʾ	للشرق
no leste	fel ʃarʾ	في الشرق
oriental	ʃarʾy	شرقي

167. Mar. Oceano

mar (m)	baḥr (m)	بحر
oceano (m)	moḥīṭ (m)	محيط
golfo (m)	χalīg (m)	خليج
estreito (m)	maḍīq (m)	مضيق
terra (f) firme	barr (m)	برّ
continente (m)	qārra (f)	قارّة
ilha (f)	gezīra (f)	جزيرة
península (f)	ʃebh gezeyra (f)	شبه جزيرة
arquipélago (m)	magmūʿet gozor (f)	مجموعة جزر
baía (f)	χalīg (m)	خليج
porto (m)	mināʾ (m)	ميناء
lagoa (f)	lagūn (m)	لاجون
cabo (m)	raʾs (m)	رأس
atol (m)	gezīra morganiya estwaʾiya (f)	جزيرة مرجانية إستوائيّة
recife (m)	ʃoʿāb (pl)	شعاب
coral (m)	morgān (m)	مرجان
recife (m) de coral	ʃoʿāb morganiya (pl)	شعاب مرجانية
profundo	ʿamīq	عميق
profundidade (f)	ʿomq (m)	عمق
abismo (m)	el ʿomq el saḥīq (m)	العمق السحيق
fossa (f) oceânica	χondoq (m)	خندق
corrente (f)	tayār (m)	تيّار
banhar (vt)	ḥāṭ	حاط
litoral (m)	sāḥel (m)	ساحل

costa (f)	sāḥel (m)	ساحل
maré (f) alta	tayār (m)	تيّار
refluxo (m), maré (f) baixa	gozor (m)	جزر
restinga (f)	meyāh ḍaḥla (f)	مياه ضحلة
fundo (m)	qāʿ (m)	قاع
onda (f)	mouga (f)	موجة
crista (f) da onda	qemma (f)	قمّة
espuma (f)	zabad el baḥr (m)	زبد البحر
tempestade (f)	ʿāṣefa (f)	عاصفة
furacão (m)	eʿṣār (m)	إعصار
tsunami (m)	tsunāmy (m)	تسونامي
calmaria (f)	hodūʾ (m)	هدوء
calmo	hady	هادئ
polo (m)	ʾoṭb (m)	قطب
polar	ʾoṭby	قطبي
latitude (f)	ʿarḍ (m)	عرض
longitude (f)	χaṭṭ ṭūl (m)	خطّ طول
paralela (f)	motawāz (m)	متواز
equador (m)	χaṭṭ el estewāʾ (m)	خطّ الإستواء
céu (m)	samāʾ (f)	سماء
horizonte (m)	ofoq (m)	أفق
ar (m)	hawāʾ (m)	هواء
farol (m)	manāra (f)	منارة
mergulhar (vi)	ɣāṣ	غاص
afundar-se (vr)	ɣereʾ	غرق
tesouros (m pl)	konūz (pl)	كنوز

168. Montanhas

montanha (f)	gabal (m)	جبل
cordilheira (f)	selselet gebāl (f)	سلسلة جبال
serra (f)	notūʾ el gabal (m)	نتوء الجبل
cume (m)	qemma (f)	قمّة
pico (m)	qemma (f)	قمّة
sopé (m)	asfal (m)	أسفل
declive (m)	monḥadar (m)	منحدر
vulcão (m)	borkān (m)	بركان
vulcão (m) ativo	borkān naʃeṭ (m)	بركان نشط
vulcão (m) extinto	borkān χāmed (m)	بركان خامد
erupção (f)	sawarān (m)	ثوّران
cratera (f)	fawhet el borkān (f)	فوهة البركان
magma (m)	magma (f)	ماجما
lava (f)	ḥomam borkāniya (pl)	حمم بركانية
fundido (lava ~a)	monṣahera	منصهرة
desfiladeiro (m)	wādy ḍayeʾ (m)	وادي ضيّق

garganta (f)	mamarr ḍaye' (m)	ممرّ ضيّق
fenda (f)	ʃa'' (m)	شقّ
precipício (m)	hāwya (f)	هاوية
passo, colo (m)	mamarr gabaly (m)	ممرّ جبلي
planalto (m)	haḍaba (f)	هضبة
falésia (f)	garf (m)	جرف
colina (f)	tall (m)	تلّ
glaciar (m)	nahr galīdy (m)	نهر جليدي
queda (f) d'água	ʃallāl (m)	شلاّل
géiser (m)	nab' maya ḥāra (m)	نبع ميّة حارة
lago (m)	boḥeyra (f)	بحيرة
planície (f)	sahl (m)	سهل
paisagem (f)	manzar ṭabee'y (m)	منظر طبيعي
eco (m)	ṣada (m)	صدى
alpinista (m)	motasalleq el gebāl (m)	متسلّق الجبال
escalador (m)	motasalleq ṣoχūr (m)	متسلّق صخور
conquistar (vt)	taɣallab 'ala	تغلّب على
subida, escalada (f)	tasalloq (m)	تسلّق

169. Rios

rio (m)	nahr (m)	نهر
fonte, nascente (f)	'eyn (m)	عين
leito (m) do rio	magra el nahr (m)	مجرى النهر
bacia (f)	ḥoḍe (m)	حوض
desaguar no ...	ṣabb fe ...	صبّ في...
afluente (m)	rāfed (m)	رافد
margem (do rio)	ḍaffa (f)	ضفّة
corrente (f)	tayār (m)	تيّار
rio abaixo	ma' ettigāh magra el nahr	مع إتّجاه مجرى النهر
rio acima	ḍed el tayār	ضد التيار
inundação (f)	ɣamr (m)	غمر
cheia (f)	fayaḍān (m)	فيضان
transbordar (vi)	fāḍ	فاض
inundar (vt)	ɣamar	غمر
banco (m) de areia	meyāh ḍaḥla (f)	مياه ضحلة
rápidos (m pl)	monḥadar el nahr (m)	منحدر النهر
barragem (f)	sadd (m)	سدّ
canal (m)	qanah (f)	قناة
reservatório (m) de água	χazzān mā'y (m)	خزّان مائي
eclusa (f)	bawwāba qanṭara (f)	بوّابة قنطرة
corpo (m) de água	berka (f)	بركة
pântano (m)	mostanqa' (m)	مستنقع
tremedal (m)	mostanqa' (m)	مستنقع

remoinho (m)	dawwāma (f)	دوّامة
arroio, regato (m)	gadwal (m)	جدوَل
potável	el ʃorb	الشرب
doce (água)	ʿazb	عذب
gelo (m)	galīd (m)	جليد
congelar-se (vr)	etgammed	إتجمّد

170. Floresta

floresta (f), bosque (m)	ɣāba (f)	غابة
florestal	ɣāba	غابة
mata (f) cerrada	ɣāba kasīfa (f)	غابة كثيفة
arvoredo (m)	bostān (m)	بستان
clareira (f)	ezālet el ɣābāt (f)	إزالة الغابات
matagal (m)	agama (f)	أجمة
mato (m)	arāḍy el ʃogayrāt (pl)	أراضي الشجيرات
vereda (f)	mamarr (m)	ممرّ
ravina (f)	wādy ḍayeʾ (m)	وادي ضيّق
árvore (f)	ʃagara (f)	شجرة
folha (f)	waraʾa (f)	ورقة
folhagem (f)	waraʾ (m)	ورق
queda (f) das folhas	tasāʾoṭ el awrāʾ (m)	تساقط الأوراق
cair (vi)	saqaṭ	سقط
topo (m)	raʾs (m)	رأس
ramo (m)	ɣoṣn (m)	غصن
galho (m)	ɣoṣn raʾīsy (m)	غصن رئيسي
botão, rebento (m)	borʿom (m)	برعم
agulha (f)	ʃawka (f)	شوكة
pinha (f)	kūz el ṣnowbar (m)	كوز الصنوبر
buraco (m) de árvore	gofe (m)	جوف
ninho (m)	ʿeʃ (m)	عشّ
toca (f)	goḥr (m)	جحر
tronco (m)	gezʿ (m)	جذع
raiz (f)	gezr (m)	جذر
casca (f) de árvore	leḥāʾ (m)	لحاء
musgo (m)	ṭaḥlab (m)	طحلب
arrancar pela raiz	eqtalaʿ	إقتلع
cortar (vt)	ʾaṭṭaʿ	قطّع
desflorestar (vt)	azāl el ɣabāt	أزال الغابات
toco, cepo (m)	gezʿ el ʃagara (m)	جذع الشجرة
fogueira (f)	nār moxayem (m)	نار مخيّم
incêndio (m) florestal	ḥarīʾ ɣāba (m)	حريق غابة
apagar (vt)	ṭaffa	طفّى

guarda-florestal (m)	ḥāres el ɣāba (m)	حارس الغابة
proteção (f)	ḥemāya (f)	حماية
proteger (a natureza)	ḥama	حمى
caçador (m) furtivo	sāre' el ṣeyd (m)	سارق الصيد
armadilha (f)	maṣyada (f)	مصيّدة
colher (cogumelos, bagas)	gamma'	جمّع
perder-se (vr)	tāh	تاه

171. Recursos naturais

recursos (m pl) naturais	sarawāt ṭabi'iya (pl)	ثروات طبيعيّة
minerais (m pl)	ma'āden (pl)	معادن
depósitos (m pl)	rawāseb (pl)	رواسب
jazida (f)	ḥaql (m)	حقل
extrair (vt)	estaχrag	إستخرج
extração (f)	esteχrāg (m)	إستخراج
minério (m)	χām (m)	خام
mina (f)	mangam (m)	منجم
poço (m) de mina	mangam (m)	منجم
mineiro (m)	'āmel mangam (m)	عامل منجم
gás (m)	ɣāz (m)	غاز
gasoduto (m)	χaṭṭ anabīb ɣāz (m)	خطّ أنابيب غاز
petróleo (m)	nafṭ (m)	نفط
oleoduto (m)	anabīb el nafṭ (pl)	أنابيب النفط
poço (m) de petróleo	bīr el nafṭ (m)	بير النفط
torre (f) petrolífera	ḥaffāra (f)	حفّارة
petroleiro (m)	nāqelet betrūl (f)	ناقلة بترول
areia (f)	raml (m)	رمل
calcário (m)	ḥagar el kals (m)	حجر الكلس
cascalho (m)	ḥaṣa (m)	حصى
turfa (f)	χaθ faḥm nabāty (m)	خث فحم نباتي
argila (f)	ṭīn (m)	طين
carvão (m)	faḥm (m)	فحم
ferro (m)	ḥadīd (m)	حديد
ouro (m)	dahab (m)	ذهب
prata (f)	faḍḍa (f)	فضّة
níquel (m)	nikel (m)	نيكل
cobre (m)	neḥās (m)	نحاس
zinco (m)	zink (m)	زنك
manganês (m)	manganīz (m)	منجنيز
mercúrio (m)	ze'baq (m)	زئبق
chumbo (m)	roṣāṣ (m)	رصاص
mineral (m)	ma'dan (m)	معدن
cristal (m)	kristāl (m)	كريستال
mármore (m)	roχām (m)	رخام
urânio (m)	yuranuim (m)	يورانيوم

A Terra. Parte 2

172. Tempo

tempo (m)	ṭa'ʾs (m)	طقس
previsão (f) do tempo	naʃra gawiya (f)	نشرة جويّة
temperatura (f)	ḥarāra (f)	حرارة
termómetro (m)	termometr (m)	ترمومتر
barómetro (m)	barometr (m)	بارومتر
húmido	roṭob	رطب
humidade (f)	roṭūba (f)	رطوبة
calor (m)	ḥarāra (f)	حرارة
cálido	ḥarr	حارّ
está muito calor	el gaww ḥarr	الجوّ حرّ
está calor	el gaww dafa	الجوّ دفا
quente	dāfeʾ	دافئ
está frio	el gaww bāred	الجوّ بارد
frio	bāred	بارد
sol (m)	ʃams (f)	شمس
brilhar (vi)	nawwar	نوّر
de sol, ensolarado	moʃmes	مشمس
nascer (vi)	ʃaraʾ	شرق
pôr-se (vr)	ɣarab	غرب
nuvem (f)	saḥāba (f)	سحابة
nublado	meɣayem	مغيّم
nuvem (f) preta	saḥābet maṭar (f)	سحابة مطر
escuro, cinzento	meɣayem	مغيّم
chuva (f)	maṭar (m)	مطر
está a chover	el donia betmaṭṭar	الدنيا بتمطّر
chuvoso	momṭer	ممطر
chuviscar (vi)	maṭṭaret razāz	مطّرت رذاذ
chuva (f) torrencial	maṭar monhamer (f)	مطر منهمر
chuvada (f)	maṭar ɣazīr (m)	مطر غزير
forte (chuva)	ʃedīd	شديد
poça (f)	berka (f)	بركة
molhar-se (vr)	ettbal	إتّبل
nevoeiro (m)	ʃabbūra (f)	شبّورة
de nevoeiro	fih ʃabbūra	فيه شبّورة
neve (f)	talg (m)	ثلج
está a nevar	fih talg	فيه ثلج

173. Tempo extremo. Catástrofes naturais

trovoada (f)	'āṣefa ra'diya (f)	عاصفة رعدية
relâmpago (m)	bar' (m)	برق
relampejar (vi)	baraq	برق
trovão (m)	ra'd (m)	رعد
trovejar (vi)	dawa	دوّى
está a trovejar	el samā' dawat ra'd (f)	السماء دوّت رعد
granizo (m)	maṭar bard (m)	مطر برد
está a cair granizo	maṭṭaret bard	مطّرت برد
inundar (vt)	ɣamar	غمر
inundação (f)	fayaḍān (m)	فيضان
terremoto (m)	zelzāl (m)	زلزال
abalo, tremor (m)	hazza arḍiya (f)	هزّة أرضية
epicentro (m)	markaz el zelzāl (m)	مركز الزلزال
erupção (f)	sawarān (m)	ثوّران
lava (f)	ḥomam borkāniya (pl)	حمم بركانية
turbilhão, tornado (m)	e'ṣār (m)	إعصار
tufão (m)	tyfūn (m)	طوفان
furacão (m)	e'ṣār (m)	إعصار
tempestade (f)	'āṣefa (f)	عاصفة
tsunami (m)	tsunāmy (m)	تسونامي
ciclone (m)	e'ṣār (m)	إعصار
mau tempo (m)	ṭa's saye' (m)	طقس سئ
incêndio (m)	ḥarī' (m)	حريق
catástrofe (f)	karsa (f)	كارثة
meteorito (m)	nayzek (m)	نيّزك
avalanche (f)	enheyār talgy (m)	إنهيار ثلجي
deslizamento (m) de neve	enheyār talgy (m)	إنهيار ثلجي
nevasca (f)	'āṣefa talgiya (f)	عاصفة ثلجيّة
tempestade (f) de neve	'āṣefa talgiya (f)	عاصفة ثلجيّة

Fauna

174. Mamíferos. Predadores

predador (m)	moftares (m)	مفترس
tigre (m)	nemr (m)	نمر
leão (m)	asad (m)	أسد
lobo (m)	ze'b (m)	ذئب
raposa (f)	ta'lab (m)	ثعلب
jaguar (m)	nemr amrīky (m)	نمر أمريكي
leopardo (m)	fahd (m)	فهد
chita (f)	fahd ṣayād (m)	فهد صيّاد
pantera (f)	nemr aswad (m)	نمر أسوَد
puma (m)	asad el gebāl (m)	أسد الجبال
leopardo-das-neves (m)	nemr el tolūg (m)	نمر الثلوج
lince (m)	waʃaq (m)	وشق
coiote (m)	qayūṭ (m)	قيوط
chacal (m)	ebn 'āwy (m)	ابن آوى
hiena (f)	ḍeb' (m)	ضبع

175. Animais selvagens

animal (m)	ḥayawān (m)	حيوان
besta (f)	waḥʃ (m)	وحش
esquilo (m)	sengāb (m)	سنجاب
ouriço (m)	qonfoz (m)	قنفذ
lebre (f)	arnab barry (m)	أرنب برّي
coelho (m)	arnab (m)	أرنب
texugo (m)	ɣarīr (m)	غرير
guaxinim (m)	rakūn (m)	راكون
hamster (m)	hamster (m)	هامستر
marmota (f)	marmoṭ (m)	مرموط
toupeira (f)	χold (m)	خلد
rato (m)	fār (m)	فأر
ratazana (f)	gerz (m)	جرذ
morcego (m)	χoffāʃ (m)	خفّاش
arminho (m)	qāqem (m)	قاقم
zibelina (f)	sammūr (m)	سمّور
marta (f)	fara'īāt (m)	فرائيات
doninha (f)	ebn 'ers (m)	ابن عرس
vison (m)	mink (m)	منك

castor (m)	qondos (m)	قندس
lontra (f)	ta'lab maya (m)	ثعلب الميّة
cavalo (m)	ḥoṣān (m)	حصان
alce (m)	eyl el mūz (m)	أيّل الموظ
veado (m)	ayl (m)	أيل
camelo (m)	gamal (m)	جمل
bisão (m)	bison (m)	بيسون
auroque (m)	byson orobby (m)	بيسون أوروبي
búfalo (m)	gamūs (m)	جاموس
zebra (f)	ḥomār waḥʃy (m)	حمار وحشي
antílope (m)	ẓaby (m)	ظبي
corça (f)	yaḥmūr orobby (m)	يحمورأوروبيّ
gamo (m)	eyl asmar orobby (m)	أيّل أسمر أوروبي
camurça (f)	ʃamwah (f)	شاموا ه
javali (m)	χenzīr barry (m)	خنزير برّي
baleia (f)	ḥūt (m)	حوت
foca (f)	foqma (f)	فقمة
morsa (f)	el kab' (m)	الكبع
urso-marinho (m)	foqmet el farā' (f)	فقمة الفراء
golfinho (m)	dolfīn (m)	دولفين
urso (m)	dobb (m)	دبّ
urso (m) branco	dobb 'oṭṭby (m)	دبّ قطبي
panda (m)	banda (m)	باندا
macaco (em geral)	'erd (m)	قرد
chimpanzé (m)	ʃimbanzy (m)	شيمبانزي
orangotango (m)	orangutan (m)	أورنغوتان
gorila (m)	ɣorella (f)	غوريلا
macaco (m)	'erd el makāk (m)	قرد المكاك
gibão (m)	gibbon (m)	جيبون
elefante (m)	fīl (m)	فيل
rinoceronte (m)	χartīt (m)	خرتيت
girafa (f)	zarāfa (f)	زرافة
hipopótamo (m)	faras el nahr (m)	فرس النهر
canguru (m)	kangarū (m)	كانجارو
coala (m)	el koala (m)	الكوالا
mangusto (m)	nems (m)	نمس
chinchila (m)	ʃenʃīla (f)	شنشيلة
doninha-fedorenta (f)	ẓerbān (m)	ظربان
porco-espinho (m)	nīṣ (m)	نيص

176. Animais domésticos

gata (f)	'oṭṭa (f)	قطّة
gato (m) macho	'oṭṭ (m)	قطّ
cão (m)	kalb (m)	كلب

cavalo (m)	ḥoṣān (m)	حصان
garanhão (m)	χeyl faḥl (m)	خيل فحل
égua (f)	faras (f)	فرس
vaca (f)	ba'ara (f)	بقرة
touro (m)	sore (m)	ثور
boi (m)	sore (m)	ثور
ovelha (f)	χarūf (f)	خروف
carneiro (m)	kebʃ (m)	كبش
cabra (f)	me'za (f)	معزة
bode (m)	mā'ez zakar (m)	ماعز ذكر
burro (m)	ḥomār (m)	حمار
mula (f)	baɣl (m)	بغل
porco (m)	χenzīr (m)	خنزير
leitão (m)	χannūṣ (m)	خنّوص
coelho (m)	arnab (m)	أرنب
galinha (f)	farχa (f)	فرخة
galo (m)	dīk (m)	ديك
pata (f)	baṭṭa (f)	بطّة
pato (macho)	dakar el baṭṭ (m)	ذكر البط
ganso (m)	wezza (f)	وزّة
peru (m)	dīk rūmy (m)	ديك رومي
perua (f)	dīk rūmy (m)	ديك رومي
animais (m pl) domésticos	ḥayawānāt dawāgen (pl)	حيوانات دواجن
domesticado	alīf	أليف
domesticar (vt)	rawweḍ	روّض
criar (vt)	rabba	ربّى
quinta (f)	mazra'a (f)	مزرعة
aves (f pl) domésticas	dawāgen (pl)	دواجن
gado (m)	māʃeya (f)	ماشية
rebanho (m), manada (f)	qaṭee' (m)	قطيع
estábulo (m)	esṭabl χeyl (m)	إسطبل خيل
pocilga (f)	ḥazīret χanazīr (f)	حظيرة الخنازير
estábulo (m)	zerībet el ba'ar (f)	زريبة البقر
coelheira (f)	qan el arāneb (m)	قن الأرانب
galinheiro (m)	qan el ferāχ (m)	قن الفراخ

177. Cães. Raças de cães

cão (m)	kalb (m)	كلب
cão pastor (m)	kalb rā'y (m)	كلب رعي
pastor-alemão (m)	kalb rā'y almāny (m)	كلب راعي ألمانيّ
caniche (m)	būdle (m)	بودل
teckel (m)	daʃhund (m)	داشهند
buldogue (m)	bulldog (m)	بولدوج

boxer (m)	bokser (m)	بوكسر
mastim (m)	mastiff (m)	ماستيف
rottweiler (m)	rottfeyler (m)	روت فايلر
dobermann (m)	doberman (m)	دوبرمان
basset (m)	basset (m)	باسيت
pastor inglês (m)	bobtayl (m)	بوبتيل
dálmata (m)	delmāṭy (m)	دلماطي
cocker spaniel (m)	kokker spaniel (m)	كوكر سبانييل
terra-nova (m)	nyu faundland (m)	نيوفاوندلاند
são-bernardo (m)	sant bernard (m)	سانت بيرنارد
husky (m)	hasky (m)	هاسكي
Chow-chow (m)	tʃaw tʃaw (m)	تشاوتشاو
spitz alemão (m)	esbitz (m)	إسبتز
carlindogue (m)	bug (m)	بج

178. Sons produzidos pelos animais

latido (m)	nebāḥ (m)	نباح
latir (vi)	nabaḥ	نبح
miar (vi)	mawmaw	موّمو
ronronar (vi)	χarχar	خرخر
mugir (vaca)	χār	خار
bramir (touro)	χār	خار
rosnar (vi)	damdam	دمدم
uivo (m)	ʿawāʾ (m)	عواء
uivar (vi)	ʿawa	عوى
ganir (vi)	ann	أنّ
balir (vi)	maʾmaʾ	مأمأ
grunhir (porco)	qabaʿ	قبع
guinchar (vi)	qabaʿ	قبع
coaxar (sapo)	naʾʾ	نقّ
zumbir (inseto)	ṭann	طنّ
estridular, ziziar (vi)	ʿarʿar	عرعر

179. Pássaros

pássaro (m), ave (f)	ṭāʾer (m)	طائر
pombo (m)	ḥamāma (f)	حمامة
pardal (m)	ʿaṣfūr dawri (m)	عصفور دوري
chapim-real (m)	qarqaf (m)	قرقف
pega-rabuda (f)	ʿaʾʿaʾ (m)	عقعق
corvo (m)	γorāb aswad (m)	غراب أسود
gralha (f) cinzenta	γorāb (m)	غراب
gralha-de-nuca-cinzenta (f)	zāγ zarʿy (m)	زاغ زرعي

gralha-calva (f)	ɣorāb el qeyẕ (m)	غراب القيظ
pato (m)	baṭṭa (f)	بطّة
ganso (m)	wezza (f)	وزّة
faisão (m)	tadarrog (m)	تدرج
águia (f)	ʿeqāb (m)	عقاب
açor (m)	el bāz (m)	الباز
falcão (m)	ṣaʾr (m)	صقر
abutre (m)	nesr (m)	نسر
condor (m)	kondor (m)	كندور
cisne (m)	el temm (m)	التمّ
grou (m)	karkiya (m)	كركية
cegonha (f)	loqloq (m)	لقلق
papagaio (m)	babaɣāʾ (m)	ببغاء
beija-flor (m)	ṭannān (m)	طنّان
pavão (m)	ṭawūs (m)	طاووس
avestruz (m)	naʿāma (f)	نعامة
garça (f)	belʃone (m)	بلشون
flamingo (m)	flamingo (m)	فلامينجو
pelicano (m)	bagʿa (f)	بجعة
rouxinol (m)	ʿandalīb (m)	عندليب
andorinha (f)	el sonūnū (m)	السنونو
tordo-zornal (m)	somnet el ḥoqūl (m)	سمنة الحقول
tordo-músico (m)	somna moɣarreda (m)	سمنة مغرّدة
melro-preto (m)	ʃaḥrūr aswad (m)	شحرور أسود
andorinhão (m)	semmāma (m)	سمّامة
cotovia (f)	qabra (f)	قبرة
codorna (f)	semmān (m)	سمّان
pica-pau (m)	naʾār el χaʃab (m)	نقار الخشب
cuco (m)	weqwāq (m)	وقواق
coruja (f)	būma (f)	بومة
corujão, bufo (m)	būm orāsy (m)	بوم أوراسي
tetraz-grande (m)	dīk el χalang (m)	ديك الخلنج
tetraz-lira (m)	ṭyhūg aswad (m)	طيهوج أسوّد
perdiz-cinzenta (f)	el ḥagal (m)	الحجل
estorninho (m)	zerzūr (m)	زرزور
canário (m)	kanāry (m)	كناري
galinha-do-mato (f)	ṭyhūg el bondoʾ (m)	طيهوج البندق
tentilhão (m)	ʃarʃūr (m)	شرشور
dom-fafe (m)	deɣnāʃ (m)	دغناش
gaivota (f)	nawras (m)	نورس
albatroz (m)	el qoṭros (m)	القطرس
pinguim (m)	beṭrīq (m)	بطريق

180. Pássaros. Canto e sons

cantar (vi)	ɣanna	غنّى
gritar (vi)	nāda	نادى
cantar (o galo)	ṣāḥ	صاح
cocorocó (m)	kokokūko	كوكوكوكو
cacarejar (vi)	kāky	كاكي
crocitar (vi)	naʿaq	نعق
grasnar (vi)	baṭbaṭ	بطبط
piar (vi)	ṣawṣaw	صوّصو
chilrear, gorjear (vi)	zaʾzaʾ	زقزق

181. Peixes. Animais marinhos

brema (f)	abramīs (m)	أبراميس
carpa (f)	ʃabbūṭ (m)	شبّوط
perca (f)	farχ (m)	فرخ
siluro (m)	ʾarmūṭ (m)	قرموط
lúcio (m)	karāky (m)	كراكي
salmão (m)	salamon (m)	سلمون
esturjão (m)	ḥafʃ (m)	حفش
arenque (m)	renga (f)	رنجة
salmão (m)	salamon aṭlasy (m)	سلمون أطلسي
cavala, sarda (f)	makerel (m)	ماكريل
solha (f)	samak mefalṭah (f)	سمك مفلطح
lúcio perca (m)	samak sandar (m)	سمك سندر
bacalhau (m)	el qadd (m)	القد
atum (m)	tuna (f)	تونة
truta (f)	salamon meraʾʾaṭ (m)	سلمون مرقّط
enguia (f)	ḥankalīs (m)	حنكليس
raia elétrica (f)	raʿād (m)	رعاد
moreia (f)	moraya (f)	موراية
piranha (f)	bīrana (f)	بيرانا
tubarão (m)	ʾerʃ (m)	قرش
golfinho (m)	dolfīn (m)	دولفين
baleia (f)	ḥūt (m)	حوت
caranguejo (m)	kaboria (m)	كابوريا
medusa, alforreca (f)	ʾandīl el baḥr (m)	قنديل البحر
polvo (m)	aχṭabūṭ (m)	أخطبوط
estrela-do-mar (f)	negmet el baḥr (f)	نجمة البحر
ouriço-do-mar (m)	qonfoz el baḥr (m)	قنفذ البحر
cavalo-marinho (m)	ḥoṣān el baḥr (m)	حصان البحر
ostra (f)	maḥār (m)	محار
camarão (m)	gammbary (m)	جمّبري

lavagante (m)	estakoza (f)	استكوزا
lagosta (f)	estakoza (m)	استاكوزا

182. Amfíbios. Répteis

serpente, cobra (f)	teʿbān (m)	ثعبان
venenoso	sām	سام
víbora (f)	afʿa (f)	أفعى
cobra-capelo, naja (f)	kobra (m)	كوبرا
pitão (m)	teʿbān byton (m)	ثعبان بايثون
jiboia (f)	bawāʾ el ʿaṣera (f)	بواء العاصرة
cobra-de-água (f)	teʿbān el ʿoʃb (m)	ثعبان العشب
cascavel (f)	afʿa megalgela (f)	أفعى مجلجلة
anaconda (f)	anakonda (f)	أناكوندا
lagarto (m)	seḥliya (f)	سحليّة
iguana (f)	eɣwana (f)	إغوانة
varano (m)	warl (m)	ورل
salamandra (f)	salamander (m)	سلمندر
camaleão (m)	ḥerbāya (f)	حرباية
escorpião (m)	ʿaʾrab (m)	عقرب
tartaruga (f)	solḥefah (f)	سلحفاة
rã (f)	ḍeffḍaʿ (m)	ضفدع
sapo (m)	ḍeffḍaʿ el ṭeyn (m)	ضفدع الطين
crocodilo (m)	temsāḥ (m)	تمساح

183. Insetos

inseto (m)	ḥaʃara (f)	حشرة
borboleta (f)	farāʃa (f)	فراشة
formiga (f)	namla (f)	نملة
mosca (f)	debbāna (f)	دبّانة
mosquito (m)	namūsa (f)	ناموسة
escaravelho (m)	χonfesa (f)	خنفسة
vespa (f)	dabbūr (m)	دبّور
abelha (f)	naḥla (f)	نحلة
mamangava (f)	naḥla ṭannāna (f)	نحلة طنّانة
moscardo (m)	naʿra (f)	نعرة
aranha (f)	ʿankabūt (m)	عنكبوت
teia (f) de aranha	nasīg ʿankabūt (m)	نسيج عنكبوت
libélula (f)	yaʿsūb (m)	يعسوب
gafanhoto-do-campo (m)	garād (m)	جراد
traça (f)	ʿetta (f)	عثّة
barata (f)	ṣarṣūr (m)	صرصور
carraça (f)	qarāda (f)	قرادة

pulga (f)	barɣūt (m)	برغوث
borrachudo (m)	ba'ūḍa (f)	بعوضة
gafanhoto (m)	garād (m)	جراد
caracol (m)	ḥalazōn (m)	حلزون
grilo (m)	ṣarṣūr el ḥaql (m)	صرصور الحقل
pirilampo (m)	yarā'a (f)	يراعة
joaninha (f)	χonfesa mena'ṭṭa (f)	خنفسة منقّطة
besouro (m)	χonfesa motlefa lel nabāt (f)	خنفسة متّلفة للنبات
sanguessuga (f)	'alaqa (f)	علقة
lagarta (f)	yasrū' (m)	يسروع
minhoca (f)	dūda (f)	دودة
larva (f)	yaraqa (f)	يرقة

184. Animais. Partes do corpo

bico (m)	monqār (m)	منقار
asas (f pl)	agneḥa (pl)	أجنحة
pata (f)	regl (f)	رجل
plumagem (f)	rīʃ (m)	ريش
pena, pluma (f)	rīʃa (f)	ريشة
crista (f)	'orf el dīk (m)	عرف الديك
brânquias, guelras (f pl)	χāyaʃīm (pl)	خياشيم
ovas (f pl)	beyḍ el samak (pl)	بيض السمك
larva (f)	yaraqa (f)	يرقة
barbatana (f)	za'nafa (f)	زعنفة
escama (f)	ḥarāfeʃ (pl)	حرافش
canino (m)	nāb (m)	ناب
pata (f)	yad (f)	يد
focinho (m)	χaṭm (m)	خطم
boca (f)	bo' (m)	بوء
cauda (f), rabo (m)	deyl (m)	ذيل
bigodes (m pl)	ʃawāreb (pl)	شوارب
casco (m)	ḥāfer (m)	حافر
corno (m)	'arn (m)	قرن
carapaça (f)	der' (m)	درع
concha (f)	maḥāra (f)	محارة
casca (f) de ovo	'eʃret beyḍa (f)	قشرة بيضة
pelo (m)	ʃa'r (m)	شعر
pele (f), couro (m)	geld (m)	جلد

185. Animais. Habitats

hábitat	mawṭen (m)	موّطن
migração (f)	hegra (f)	هجرة
montanha (f)	gabal (m)	جبل

recife (m)	ʃoʿāb (pl)	شعاب
falésia (f)	garf (m)	جرف
floresta (f)	ɣāba (f)	غابة
selva (f)	adɣāl (pl)	أدغال
savana (f)	savanna (f)	سافانّا
tundra (f)	tundra (f)	تندرا
estepe (f)	barāry (pl)	براري
deserto (m)	ṣaḥraʾ (f)	صحراء
oásis (m)	wāḥa (f)	واحة
mar (m)	baḥr (m)	بحر
lago (m)	boḥeyra (f)	بحيرة
oceano (m)	moḥīṭ (m)	محيط
pântano (m)	mostanqaʿ (m)	مستنقع
de água doce	maya ʿazba	ميّة عذبة
lagoa (f)	berka (f)	بركة
rio (m)	nahr (m)	نهر
toca (f) do urso	wekr (m)	وكر
ninho (m)	ʿeʃ (m)	عشّ
buraco (m) de árvore	gofe (m)	جوف
toca (f)	goḥr (m)	جحر
formigueiro (m)	ʿeʃ naml (m)	عش نمل

Flora

186. Árvores

árvore (f)	ʃagara (f)	شجرة
decídua	nafḍiya	نفضيّة
conífera	ṣonoberiya	صنوبرية
perene	dā'emet el χoḍra	دائمة الخضرة
macieira (f)	ʃagaret toffāḥ (f)	شجرة تفّاح
pereira (f)	ʃagaret komettra (f)	شجرة كمثّرى
cerejeira, ginjeira (f)	ʃagaret karaz (f)	شجرة كرز
ameixeira (f)	ʃagaret bar'ū' (f)	شجرة برقوق
bétula (f)	batola (f)	بتولا
carvalho (m)	ballūṭ (f)	بلّوط
tília (f)	zayzafūn (f)	زيزفون
choupo-tremedor (m)	ḥūr rāgef	حور راجف
bordo (m)	qayqab (f)	قيقب
espruce-europeu (m)	rateng (f)	راتينج
pinheiro (m)	ṣonober (f)	صنوبر
alerce, lariço (m)	arziya (f)	أرزية
abeto (m)	tanūb (f)	تنوب
cedro (m)	el orz (f)	الأرز
choupo, álamo (m)	ḥūr (f)	حور
tramazeira (f)	ɣobayrā' (f)	غبيراء
salgueiro (m)	ṣefsāf (f)	صفصاف
amieiro (m)	gār el mā' (m)	جار الماء
faia (f)	el zān (f)	الزان
ulmeiro (m)	derdar (f)	دردار
freixo (m)	marān (f)	مران
castanheiro (m)	kastanā' (f)	كستناء
magnólia (f)	maɣnolia (f)	ماغنوليا
palmeira (f)	naχla (f)	نخلة
cipreste (m)	el soro (f)	السرو
mangue (m)	mangrūf (f)	مانجروف
embondeiro, baobá (m)	baobab (f)	باوباب
eucalipto (m)	eukalyptus (f)	أوكالبتوس
sequoia (f)	sequoia (f)	سيكويا

187. Arbustos

arbusto (m)	ʃogeyra (f)	شجيرة
arbusto (m), moita (f)	ʃogayrāt (pl)	شجيرات

videira (f)	karma (f)	كرمة
vinhedo (m)	karam (m)	كرم
framboeseira (f)	zar'et tūt el 'alī' el aḥmar (f)	زرعة توت العليق الأحمر
groselheira-vermelha (f)	keʃmeʃ aḥmar (m)	كشمش أحمر
groselheira (f) espinhosa	'enab el sa'lab (m)	عنب الثعلب
acácia (f)	aqaqia (f)	أقاقيا
bérberis (f)	berbarīs (m)	برباريس
jasmim (m)	yasmīn (m)	ياسمين
junípero (m)	'ar'ar (m)	عرعر
roseira (f)	ʃogeyret ward (f)	شجيرة ورد
roseira (f) brava	ward el seyāg (pl)	ورد السياج

188. Cogumelos

cogumelo (m)	feṭr (f)	فطر
cogumelo (m) comestível	feṭr ṣāleḥ lel akl (m)	فطر صالح للأكل
cogumelo (m) venenoso	feṭr sām (m)	فطر سام
chapéu (m)	ṭarbūʃ el feṭr (m)	طربوش الفطر
pé, caule (m)	sāq el feṭr (m)	ساق الفطر
boleto (m)	feṭr boleṭe ma'kūl (m)	فطر بوليط مأكول
boleto (m) alaranjado	feṭr aḥmar (m)	فطر أحمر
míscaro (m) das bétulas	feṭr boleṭe (m)	فطر بوليط
cantarela (f)	feṭr el ʃanterel (m)	فطر الشانتريل
rússula (f)	feṭr russula (m)	فطر روسولا
morchella (f)	feṭr el ɣoʃna (m)	فطر الغوشنة
agário-das-moscas (m)	feṭr amanīt el ṭā'er (m)	فطر أمانيت الطائر
cicuta (f) verde	feṭr amanīt falusyāny el sām (m)	فطر أمانيت فالوسياني السام

189. Frutos. Bagas

fruta (f)	tamra (f)	تمرة
frutas (f pl)	tamr (m)	تمر
maçã (f)	toffāḥa (f)	تفّاحة
pera (f)	komettra (f)	كمّثرى
ameixa (f)	bar'ū' (m)	برقوق
morango (m)	farawla (f)	فراولة
ginja, cereja (f)	karaz (m)	كرز
uva (f)	'enab (m)	عنب
framboesa (f)	tūt el 'alī' el aḥmar (m)	توت العليق الأحمر
groselha (f) preta	keʃmeʃ aswad (m)	كشمش أسود
groselha (f) vermelha	keʃmeʃ aḥmar (m)	كشمش أحمر
groselha (f) espinhosa	'enab el sa'lab (m)	عنب الثعلب
oxicoco (m)	'enabiya ḥāda el χebā' (m)	عنبية حادة الخباء
laranja (f)	bortoqāl (m)	برتقال

tangerina (f)	yosfy (m)	يوسفي
ananás (m)	ananās (m)	أناناس
banana (f)	moze (m)	موز
tâmara (f)	tamr (m)	تمر
limão (m)	lymūn (m)	ليمون
damasco (m)	meʃmeʃ (f)	مشمش
pêssego (m)	χawχa (f)	خوخة
kiwi (m)	kiwi (m)	كيوي
toranja (f)	grabe frūt (m)	جريب فروت
baga (f)	tūt (m)	توت
bagas (f pl)	tūt (pl)	توت
arando (m) vermelho	ʿenab el sore (m)	عنب الثور
morango-silvestre (m)	farawla barriya (f)	فراولة بريّة
mirtilo (m)	ʿenab al aḥrāg (m)	عنب الأحراج

190. Flores. Plantas

flor (f)	zahra (f)	زهرة
ramo (m) de flores	bokeyh (f)	بوكيه
rosa (f)	warda (f)	وردة
tulipa (f)	tolīb (f)	توليب
cravo (m)	ʾoronfol (m)	قرنفل
gladíolo (m)	el dalbūs (f)	الدَلَبُوث
centáurea (f)	qanṭeryūn ʿanbary (m)	قنطريون عنبري
campânula (f)	garīs mostadīr el awrāʾ (m)	جريس مستدير الأوراق
dente-de-leão (m)	handabāʾ (f)	هندباء
camomila (f)	kamomile (f)	كاموميل
aloé (m)	el alowa (m)	الألوّة
cato (m)	ṣabbār (m)	صبّار
fícus (m)	faykas (m)	فيّكس
lírio (m)	zanbaq (f)	زنبق
gerânio (m)	ɣarnūqy (f)	غرنوقي
jacinto (m)	el lavender (f)	اللافندر
mimosa (f)	mimoza (f)	ميموزا
narciso (m)	nerges (f)	نرجس
capuchinha (f)	abo χangar (f)	أبو خنجر
orquídea (f)	orkid (f)	أوركيد
peónia (f)	fawnia (f)	فاوانيا
violeta (f)	el banafseg (f)	البنفسج
amor-perfeito (m)	bansy (f)	بانسي
não-me-esqueças (m)	ʾāzān el faʾr (pl)	آذان الفأر
margarida (f)	aqwaḥān (f)	أقحوان
papoula (f)	el χoʃχāʃ (f)	الخشخاش
cânhamo (m)	qanb (m)	قنب

hortelã (f)	neʿnāʿ (m)	نعناع
lírio-do-vale (m)	zanbaq el wādy (f)	زنبق الوادي
campânula-branca (f)	zahrat el laban (f)	زهرة اللبن
urtiga (f)	ʾarrāṣ (m)	قرّاص
azeda (f)	ḥammāḍ bostāny (m)	حمّاض بستاني
nenúfar (m)	niloferiya (f)	نيلوفرية
feto (m), samambaia (f)	sarχas (m)	سرخس
líquen (m)	aʃna (f)	أشنة
estufa (f)	ṣoba (f)	صوبة
relvado (m)	ʿoʃb aχḍar (m)	عشب أخضر
canteiro (m) de flores	geneynet zohūr (f)	جنينة زهور
planta (f)	nabāt (m)	نبات
erva (f)	ʿoʃb (m)	عشب
folha (f) de erva	ʿoʃba (f)	عشبة
folha (f)	waraʾa (f)	ورقة
pétala (f)	waraʾet el zahra (f)	ورقة الزهرة
talo (m)	sāq (f)	ساق
tubérculo (m)	darna (f)	درنة
broto, rebento (m)	nabta saɣīra (f)	نبتة صغيرة
espinho (m)	ʃawka (f)	شوكة
florescer (vi)	fattaḥet	فتّحت
murchar (vi)	debel	ذبل
cheiro (m)	rīḥa (f)	ريحة
cortar (flores)	ʾaṭaʿ	قطع
colher (uma flor)	ʾaṭaf	قطف

191. Cereais, grãos

grão (m)	ḥobūb (pl)	حبوب
cereais (plantas)	maḥaṣīl el ḥubūb (pl)	محاصيل الحبوب
espiga (f)	sonbola (f)	سنبلة
trigo (m)	ʾamḥ (m)	قمح
centeio (m)	ʃelm mazrūʿ (m)	شيلم مزروع
aveia (f)	ʃofān (m)	شوفان
milho-miúdo (m)	el deχn (m)	الدُخن
cevada (f)	ʃeʿīr (m)	شعير
milho (m)	dora (f)	ذرة
arroz (m)	rozz (m)	رز
trigo-sarraceno (m)	ḥanṭa sodaʾ (f)	حنطة سوداء
ervilha (f)	besella (f)	بسلّة
feijão (m)	faṣolya (f)	فاصوليا
soja (f)	fūl el ṣoya (m)	فول الصويا
lentilha (f)	ʿads (m)	عدس
fava (f)	fūl (m)	فول

GEOGRAFIA REGIONAL

Países. Nacionalidades

192. Política. Governo. Parte 1

política (f)	seyāsa (f)	سياسة
político	seyāsy	سياسي
político (m)	seyāsy (m)	سياسي
estado (m)	dawla (f)	دولة
cidadão (m)	mowāṭen (m)	مواطن
cidadania (f)	mewaṭna (f)	مواطنة
brasão (m) de armas	ʃeʿār waṭany (m)	شعار وطني
hino (m) nacional	naʃīd waṭany (m)	نشيد وطني
governo (m)	ḥokūma (f)	حكومة
Chefe (m) de Estado	ra'ʾs el dawla (m)	رأس الدولة
parlamento (m)	barlamān (m)	برلمان
partido (m)	ḥezb (m)	حزب
capitalismo (m)	raʾsmaliya (f)	رأسماليّة
capitalista	raʾsmāly	رأسمالي
socialismo (m)	eʃterakiya (f)	إشتراكيّة
socialista	eʃterāky	إشتراكي
comunismo (m)	ʃeyūʿiya (f)	شيوعيّة
comunista	ʃeyūʿy	شيوعي
comunista (m)	ʃeyūʿy (m)	شيوعي
democracia (f)	dīmoqraṭiya (f)	ديموقراطيّة
democrata (m)	demoqrāṭy (m)	ديموقراطي
democrático	demoqrāṭy	ديموقراطي
Partido (m) Democrático	el ḥezb el demokrāṭy (m)	الحزب الديموقراطي
liberal (m)	librāly (m)	ليبرالي
liberal	librāly	ليبرالي
conservador (m)	moḥāfeẓ (m)	محافظ
conservador	moḥāfeẓ	محافظ
república (f)	gomhoriya (f)	جمهورية
republicano (m)	gomhūry (m)	جمهوري
Partido (m) Republicano	el ḥezb el gomhūry (m)	الحزب الجمهوري
eleições (f pl)	entaχabāt (pl)	إنتخابات
eleger (vt)	entaχab	إنتخب
eleitor (m)	nāχeb (m)	ناخب

campanha (f) eleitoral	ḥamla enteχabiya (f)	حملة إنتخابيّة
votação (f)	taṣwīt (m)	تصويت
votar (vi)	ṣawwat	صوّت
direito (m) de voto	ḥa' el enteχāb (m)	حق الإنتخاب
candidato (m)	morasʃaḥ (m)	مرشّح
candidatar-se (vi)	rasʃaḥ nafsoh	رشّح نفسه
campanha (f)	ḥamla (f)	حملة
da oposição	mo'āreḍ	معارض
oposição (f)	mo'arḍa (f)	معارضة
visita (f)	zeyāra (f)	زيارة
visita (f) oficial	zeyāra rasmiya (f)	زيارة رسميّة
internacional	dawly	دوّلي
negociações (f pl)	mofawḍāt (pl)	مفاوضات
negociar (vi)	tafāwaḍ	تفاوض

193. Política. Governo. Parte 2

sociedade (f)	mogtama' (m)	مجتمع
constituição (f)	dostūr (m)	دستور
poder (ir para o ~)	solṭa (f)	سلطة
corrupção (f)	fasād (m)	فساد
lei (f)	qanūn (m)	قانون
legal	qanūny	قانوني
justiça (f)	'adāla (f)	عدالة
justo	'ādel	عادل
comité (m)	lagna (f)	لجنة
projeto-lei (m)	maʃrū' qanūn (m)	مشروع قانون
orçamento (m)	mowazna (f)	موازنة
política (f)	seyāsa (f)	سياسة
reforma (f)	eṣlāḥ (m)	إصلاح
radical	oṣūly	أصولي
força (f)	'owwa (f)	قوّة
poderoso	'awy	قوّي
partidário (m)	mo'ayed (m)	مؤيد
influência (f)	ta'sīr (m)	تأثير
regime (m)	nezām ḥokm (m)	نظام حكم
conflito (m)	χelāf (m)	خلاف
conspiração (f)	mo'amra (f)	مؤامرة
provocação (f)	estefzāz (m)	إستفزاز
derrubar (vt)	asqaṭ	أسقط
derrube (m), queda (f)	esqāṭ (m)	إسقاط
revolução (f)	sawra (f)	ثوّرة
golpe (m) de Estado	enqelāb (m)	إنقلاب
golpe (m) militar	enqelāb 'askary (m)	إنقلاب عسكري

crise (f)	azma (f)	أزمة
recessão (f) económica	rokūd eqteṣādy (m)	ركود إقتصادي
manifestante (m)	motaẓāher (m)	متظاهر
manifestação (f)	mozahra (f)	مظاهرة
lei (f) marcial	ḥokm ʿorfy (m)	حكم عرفي
base (f) militar	qaʿeda ʿaskariya (f)	قاعدة عسكريّة
estabilidade (f)	esteqrār (m)	إستقرار
estável	mostaqerr	مستقرّ
exploração (f)	esteɣlāl (m)	إستغلال
explorar (vt)	estaɣall	إستغلّ
racismo (m)	ʿonṣoriya (f)	عنصريّة
racista (m)	ʿonṣory (m)	عنصري
fascismo (m)	faʃiya (f)	فاشيّة
fascista (m)	fāʃy (m)	فاشي

194. Países. Diversos

estrangeiro (m)	agnaby (m)	أجنبي
estrangeiro	agnaby	أجنبي
no estrangeiro	fel χāreg	في الخارج
emigrante (m)	mohāger (m)	مهاجر
emigração (f)	hegra (f)	هجرة
emigrar (vi)	hāgar	هاجر
Ocidente (m)	el ɣarb (m)	الغرب
Oriente (m)	el ʃarʾ (m)	الشرق
Extremo Oriente (m)	el ʃarʾ el aqṣa (m)	الشرق الأقصى
civilização (f)	ḥaḍāra (f)	حضارة
humanidade (f)	el baʃariya (f)	البشريّة
mundo (m)	el ʿālam (m)	العالم
paz (f)	salām (m)	سلام
mundial	ʿālamy	عالمي
pátria (f)	waṭan (m)	وطن
povo (m)	ʃaʿb (m)	شعب
população (f)	sokkān (pl)	سكّان
gente (f)	nās (pl)	ناس
nação (f)	omma (f)	أمّة
geração (f)	gīl (m)	جيل
território (m)	arḍ (f)	أرض
região (f)	manteʾa (f)	منطقة
estado (m)	welāya (f)	ولاية
tradição (f)	taʾlīd (m)	تقليد
costume (m)	ʿāda (f)	عادة
ecologia (f)	ʿelm el bīʾa (m)	علم البيئة
índio (m)	hendy aḥmar (m)	هندي أحمر
cigano (m)	ɣagary (m)	غجري

cigana (f)	ɣagariya (f)	غجريّة
cigano	ɣagary	غجري
império (m)	embraṭoriya (f)	إمبراطورية
colónia (f)	mostaʿmara (f)	مستعمرة
escravidão (f)	ʿobūdiya (f)	عبودية
invasão (f)	ɣazw (m)	غزو
fome (f)	magāʿa (f)	مجاعة

195. Grupos religiosos mais importantes. Confissões

religião (f)	dīn (m)	دين
religioso	dīny	ديني
crença (f)	emān (m)	إيمان
crer (vt)	aman	أمن
crente (m)	moʾmen (m)	مؤمن
ateísmo (m)	el elḥād (m)	الإلحاد
ateu (m)	molḥed (m)	ملحد
cristianismo (m)	el masīḥiya (f)	المسيحيّة
cristão (m)	mesīḥy (m)	مسيحي
cristão	mesīḥy	مسيحي
catolicismo (m)	el kasolekiya (f)	الكاثوليكيّة
católico (m)	kasolīky (m)	كاثوليكي
católico	kasolīky	كاثوليكي
protestantismo (m)	brotestantiya (f)	بروتستانتية
Igreja (f) Protestante	el kenīsa el brotestantiya (f)	الكنيسة البروتستانتية
protestante (m)	brotestanty (m)	بروتستانتي
ortodoxia (f)	orsozeksiya (f)	الأرثوذكسيّة
Igreja (f) Ortodoxa	el kenīsa el orsozeksiya (f)	الكنيسة الأرثوذكسيّة
ortodoxo (m)	arsazoksy (m)	أرثوذكسي
presbiterianismo (m)	maʃīχiya (f)	مشيخية
Igreja (f) Presbiteriana	el kenīsa el maʃīχiya (f)	الكنيسة المشيخية
presbiteriano (m)	maʃīχiya (f)	مشيخية
Igreja (f) Luterana	el luseriya (f)	اللوثرية
luterano (m)	luterriya (m)	لوثرية
Igreja (f) Batista	el kenīsa el meʿmedaniya (f)	الكنيسة المعمدانية
batista (m)	meʿmedāny (m)	معمداني
Igreja (f) Anglicana	el kenīsa el anʒlekaniya (f)	الكنيسة الإنجليكانية
anglicano (m)	enʒelikāny (m)	أنجليكاني
mormonismo (m)	el moromoniya (f)	المورمونية
mórmon (m)	mesīḥy mormōn (m)	مسيحي مرمون
Judaísmo (m)	el yahūdiya (f)	اليهودية
judeu (m)	yahūdy (m)	يهودي

budismo (m)	el būziya (f)	البوذية
budista (m)	būzy (m)	بوذي
hinduísmo (m)	el hindūsiya (f)	الهندوسية
hindu (m)	hendūsy (m)	هندوسي
Islão (m)	el islām (m)	الإسلام
muçulmano (m)	muslim (m)	مسلم
muçulmano	islāmy	إسلامي
Xiismo (m)	el mazhab el ʃee'y (m)	المذهب الشيعي
xiita (m)	ʃee'y (m)	شيعي
sunismo (m)	el mazhab el sunny (m)	المذهب السنّي
sunita (m)	sunni (m)	سنّي

196. Religiões. Padres

padre (m)	kāhen (m)	كاهن
Papa (m)	el bāba (m)	البابا
monge (m)	rāheb (m)	راهب
freira (f)	rāheba (f)	راهبة
pastor (m)	'essīs (m)	قسّيس
abade (m)	ra'īs el deyr (m)	رئيس الدير
vigário (m)	viqār (m)	فيقار
bispo (m)	asqof (m)	أسقف
cardeal (m)	kardinal (m)	كاردينال
pregador (m)	mobasʃer (m)	مبشّر
sermão (m)	tabʃīr (f)	تبشير
paroquianos (pl)	ra'yet el abraʃiya (f)	رعية الأبرشية
crente (m)	mo'men (m)	مؤمن
ateu (m)	molḥed (m)	ملحد

197. Fé. Cristianismo. Islão

Adão	'ādam (m)	آدم
Eva	ḥawwā' (f)	حوّاء
Deus (m)	allah (m)	الله
Senhor (m)	el rabb (m)	الربّ
Todo Poderoso (m)	el qadīr (m)	القدير
pecado (m)	zanb (m)	ذنب
pecar (vi)	aznab	أذنب
pecador (m)	mozneb (m)	مذنب
pecadora (f)	mozneba (f)	مذنبة
inferno (m)	el gaḥīm (f)	الجحيم
paraíso (m)	el ganna (f)	الجنّة

Jesus	yasūʿ (m)	يسوع
Jesus Cristo	yasūʿ el masīḥ (m)	يسوع المسيح
Espírito (m) Santo	el rūḥ el qods (m)	الروح القدس
Salvador (m)	el masīḥ (m)	المسيح
Virgem Maria (f)	maryem el ʿazrāʾ (f)	مريم العذراء
Diabo (m)	el ʃayṭān (m)	الشيطان
diabólico	ʃeyṭāny	شيطاني
Satanás (m)	el ʃayṭān (m)	الشيطان
satânico	ʃeyṭāny	شيطاني
anjo (m)	malāk (m)	ملاك
anjo (m) da guarda	malāk ḥāres (m)	ملاك حارس
angélico	malāʾeky	ملائكي
apóstolo (m)	rasūl (m)	رسول
arcanjo (m)	el malāk el raʾīsy (m)	الملاك الرئيسي
anticristo (m)	el masīḥ el daggāl (m)	المسيح الدجّال
Igreja (f)	el kenīsa (f)	الكنيسة
Bíblia (f)	el ketāb el moqaddas (m)	الكتاب المقدّس
bíblico	tawrāty	توراتي
Velho Testamento (m)	el ʿaḥd el ʾadīm (m)	العهد القديم
Novo Testamento (m)	el ʿaḥd el gedīd (m)	العهد الجديد
Evangelho (m)	engīl (m)	إنجيل
Sagradas Escrituras (f pl)	el ketāb el moqaddas (m)	الكتاب المقدّس
Céu (m)	el ganna (f)	الجنّة
mandamento (m)	waṣiya (f)	وصيّة
profeta (m)	naby (m)	نبي
profecia (f)	nobūʾa (f)	نبوءة
Alá	allah (m)	الله
Maomé	moḥammed (m)	محمّد
Corão, Alcorão (m)	el qorʾān (m)	القرآن
mesquita (f)	masged (m)	مسجد
mulá (m)	mullah (m)	ملا
oração (f)	ṣalāh (f)	صلاة
rezar, orar (vi)	ṣalla	صلّى
peregrinação (f)	ḥagg (m)	حج
peregrino (m)	ḥagg (m)	حاج
Meca (f)	makka el mokarrama (f)	مكة المكرّمة
igreja (f)	kenīsa (f)	كنيسة
templo (m)	maʿbad (m)	معبد
catedral (f)	katedraʾiya (f)	كاتدرائية
gótico	qūṭy	قوطي
sinagoga (f)	kenīs (m)	كنيس
mesquita (f)	masged (m)	مسجد
capela (f)	kenīsa saɣīra (f)	كنيسة صغيرة
abadia (f)	deyr (m)	دير

convento (m)	deyr (m)	دير
mosteiro (m)	deyr (m)	دير
sino (m)	garas (m)	جرس
campanário (m)	borg el garas (m)	برج الجرس
repicar (vi)	da''	دقّ
cruz (f)	ṣalīb (m)	صليب
cúpula (f)	'obba (f)	قبّة
ícone (m)	ramz (m)	رمز
alma (f)	nafs (f)	نفس
destino (m)	maṣīr (m)	مصير
mal (m)	ʃarr (m)	شرّ
bem (m)	χeyr (m)	خير
vampiro (m)	maṣṣāṣ demā' (m)	مصّاص دماء
bruxa (f)	sāḥera (f)	ساحرة
demónio (m)	ʃeṭān (m)	شيطان
espírito (m)	roḥe (m)	روح
redenção (f)	takfīr (m)	تكفير
redimir (vt)	kaffar ʿan	كفّر عن
missa (f)	qedās (m)	قداس
celebrar a missa	'ām be χedma dīniya	قام بخدمة دينية
confissão (f)	eʿterāf (m)	إعتراف
confessar-se (vr)	eʿtaraf	إعترف
santo (m)	qeddīs (m)	قدّيس
sagrado	moqaddas (m)	مقدّس
água (f) benta	maya moqaddesa (f)	ماية مقدّسة
ritual (m)	ʃaʿā'er (pl)	شعائر
ritual	ʃaʿā'ery	شعائري
sacrifício (m)	zabīḥa (f)	ذبيحة
superstição (f)	χorāfa (f)	خرافة
supersticioso	mo'men bel χorafāt (m)	مؤمن بالخرافات
vida (f) depois da morte	aχra (f)	الآخرة
vida (f) eterna	ḥayat el abadiya (f)	حياة الأبدية

TEMAS DIVERSOS

198. Várias palavras úteis

ajuda (f)	mosaʿda (f)	مساعدة
barreira (f)	ḥāgez (m)	حاجز
base (f)	asās (m)	أساس
categoria (f)	feʾa (f)	فئة
causa (f)	sabab (m)	سبب
coincidência (f)	ṣodfa (f)	صدّفة
coisa (f)	ḥāga (f)	حاجة
começo (m)	bedāya (f)	بداية
cómodo (ex. poltrona ~a)	morīḥ	مريح
comparação (f)	moqarna (f)	مقارنة
compensação (f)	taʿwīḍ (m)	تعويض
crescimento (m)	nomoww (m)	نموّ
desenvolvimento (m)	tanmeya (f)	تنمية
diferença (f)	farʾ (m)	فرق
efeito (m)	taʾsīr (m)	تأثير
elemento (m)	ʿonṣor (m)	عنصر
equilíbrio (m)	tawāzon (m)	توازن
erro (m)	χaṭaʾ (m)	خطأ
esforço (m)	mag-hūd (m)	مجهود
estilo (m)	oslūb (m)	أسلوب
exemplo (m)	mesāl (m)	مثال
facto (m)	ḥaʾīʾa (f)	حقيقة
fim (m)	nehāya (f)	نهاية
forma (f)	ʃakl (m)	شكل
frequente	motakarrer (m)	متكرّر
fundo (ex. ~ verde)	χalefiya (f)	خلفية
género (tipo)	nūʿ (m)	نوع
grau (m)	daraga (f)	درجة
ideal (m)	mesāl (m)	مثال
labirinto (m)	matāha (f)	متاهة
modo (m)	ṭarīʾa (f)	طريقة
momento (m)	laḥza (f)	لحظة
objeto (m)	mawḍūʿ (m)	موضوع
obstáculo (m)	ʿaqaba (f)	عقبة
original (m)	aṣl (m)	أصل
padrão	ʿādy -qeyāsy	عادي, قياسي
padrão (m)	ʾeyās (m)	قياس
paragem (pausa)	estrāḥa (f)	إستراحة
parte (f)	gozʾ (m)	جزء

partícula (f)	goz' (m)	جزء
pausa (f)	estrāḥa (f)	إستراحة
posição (f)	mawqef (m)	موّقف
princípio (m)	mabda' (m)	مبدأ
problema (m)	moʃkela (f)	مشكلة
processo (m)	ʿamaliya (f)	عمليّة
progresso (m)	ta'addom (m)	تقدّم
propriedade (f)	χaṣṣa (f)	خاصّة
reação (f)	radd feʿl (m)	ردّ فعل
risco (m)	moχaṭra (f)	مخاطرة
ritmo (m)	eqāʿ (m)	إيقاع
segredo (m)	serr (m)	سرّ
série (f)	selsela (f)	سلسلة
sistema (m)	nezām (m)	نظام
situação (f)	ḥāla (f), waḍʿ (m)	حالة, وضع
solução (f)	ḥall (m)	حلّ
tabela (f)	gadwal (m)	جدوّل
termo (ex. ~ técnico)	moṣṭalaḥ (m)	مصطلح
tipo (m)	nūʿ (m)	نوع
urgente	mestaʿgel	مستعجل
urgentemente	be ʃakl ʿāgel	بشكل عاجل
utilidade (f)	manfʿa (f)	منفعة
variante (f)	ʃakl moχtalef (m)	شكل مختلف
variedade (f)	eχteyār (m)	إختيار
verdade (f)	ḥaʔʔa (f)	حقيقة
vez (f)	dore (m)	دور
zona (f)	mante'a (f)	منطقة

www.ingramcontent.com/pod-product-compliance
Lightning Source LLC
LaVergne TN
LVHW051345080426
835509LV00020BA/3285
* 9 7 8 1 7 8 7 1 6 7 7 1 1 *